美味しんぼ「鼻血問題」に答える

雁屋 哲

遊幻舎

目次

第3章 「鼻血問題」への反論

第5章 福島第一原発を見る

2 福島第一原発の実態

第6章 内部被曝と低線量被曝について

本文中の漫画は、『美味しんぼ』（雁屋哲・作　花咲アキラ・画／小学館刊）より引用させていただきました。

第1章 なぜ、私はこの本を書いたのか

山岡が鼻血を流した場面。この描写をめぐって、
マスコミから首相までが様々な論評を繰り広げた。
『美味しんぼ』第111巻「福島の真実2」より

国家に反逆した、極悪人の扱い

二〇一四年四月末に発売された『ビッグコミックスピリッツ』誌の第22・23合併号に『美味しんぼ　福島の真実編』第22話が掲載されると、突然、新聞、テレビ、週刊誌、インターネットで私に対する非難が巻き起こり、しかも、国会議員、大臣、最後には総理大臣まで乗り出してきました。

それは、非難とか批判というものではなく、『美味しんぼ』という作品と私という人間を否定する攻撃だったと思います。

その私に対する攻撃が始まったとき、私はシドニーにいました。

私は一九八八年から、横須賀秋谷とシドニーを行ったり来たりの生活をしています。

「福島の真実編」の第22話が『スピリッツ』誌に掲載されてすぐに否定的な反応が大きく出たことは、テレビではなく、インターネット上で知りました。

日本の通常のテレビもシドニーで全局見ることができるように設定してありますが、私はテレビを日常的に見るという習慣を一九八八年にシドニーに引っ越してくる前から失っていて、NHKの定時のニュースや動物の生態もの、紀行ものの番組は時に見ることがあっても、民放の番組については、ほとんど見ることがなかったからです。

世の中には奇特な人がいて、問題になったテレビ番組はすぐに、YouTube にアップロードされます。

それを見て、日本のテレビで、『美味しんぼ　福島の真実編』がどんな形で伝えられているか知りました。

また、私の昔からの友人が、『美味しんぼ　福島の真実編』の鼻血問題を題材にしたテレビ番組を軒並み録画してブルーレイに入れたのを送ってくれました。YouTube より、当然ながらテレビ番組の内容が詳しくわかります。

それらを見て、私は、この日本という国は大丈夫なのか、これから先何年、この国は生き延びることができるのか、ひどく心配になってしまいました。

なぜといって、テレビも新聞も政治家たちも私が書いた鼻血について検討する姿勢は一切見せず、

「福島に行ったら鼻血が出たと書くことは、福島の人たちに風評被害をもたらす」

「雁屋哲は、放射線によって鼻血が出るなどという根拠のないことを書いて、人々の不安をあおった」

と感情的に、それこそ人々をあおり立てるだけで、鼻血と放射線の関係について、まともな

議論をしないからです。

私はこの国の神聖なタブーを破った極悪人扱いを受けたのです。

この国の神聖なタブーとは「原発事故は終息した。福島は今や人が住んでも安全だし、福島産の食べ物はどれを食べても安全だ、という国家的な認識に逆らってはいけない」というものです。

「福島に行って鼻血を出した」などと漫画に書いた私は、その神聖なタブーを破ったというわけです。

常軌を逸した抗議の電話

だが、実際に大変な目に遭っていたのは『スピリッツ』誌編集部でした。

担当の編集者から「朝から抗議の電話が鳴り止まずに、編集部全体が困っています」といわれた時には、私も驚きました。

その時私は「それは困ったことだ、作品の内容について私に文句を付けてくるのは構わないが、編集部に抗議をするのは相手が違うだろう」と思いました。

あるときから作家の個人情報を出版社が守るようになりましたが、私が漫画の原作を書く仕事を始めた頃には、毎週連載漫画の掲載されているページの欄外に「雁屋哲先生に励ましのお便りを出そう」として、私の住所が堂々と書かれていたのです。それは私だけでなく、すべての作家に対して同じことを当時の出版社は行っていました。読者サービスと同時に、本当に作者を励ましてもらいたいという善意によるものでした。

しかし、世の中には善意の人だけではないようで、実際の住所を公表されたばかりに、ある漫画家が被害に遭い、それ以来読者の励ましやお便りは編集部へ送ってもらうように変更されたのです。

私の場合も、最初の頃は、見ず知らずの人間に突然訪ねて来られたり、熱狂的な読者が、朝晩二回ずつ速達でファンレターを送ってくれたりする、というようなことがありました。

今はどの出版社も作家の個人情報は外部に出さないから、私に文句をいいたい人も私の電話番号がわからず、編集部に電話をかけてくるのだろうと思ったのです。

そこで私は自分のホームページに、「私に文句がある人は、私のこのページ宛に書いてもらいたい。編集部に電話をかけると編集部が迷惑するから」と書きました。

それで、編集部に対する電話攻撃が収まったかと思ったら逆でした。

担当の編集者によれば、「雁屋哲は自分のホームページにこんなことを書いているが、そんな奴の漫画を掲載している『スピリッツ』が悪い」と前より一層激しく抗議の電話がかかってくるというのです。

鼻血の件は、「福島の真実編」第22話に出て、それから最終回の第24話まで、二話残っていました。

第23話が出ると、さらに激しい電話攻撃が『スピリッツ』誌編集部にかけられました。

そこで編集長が第23話を掲載した直後、善後策を検討するためにシドニーまで来てくれました。

その時、編集長から詳しく聞いた話は私の想像を絶するものでした。

編集部には電話が二〇回線、引いてあります。

その二〇回線の電話に、朝十時の業務開始時間から夜七時、時には十時近くまで抗議の電話が鳴り止まないのです。

その抗議の電話も、いきなり怒鳴る、喚《わめ》く。電話を受けた編集者が返事をすると、その返事が気にいらないと喚く。返事をしないとなぜ返事をしないと怒鳴る。それが、一時間にわたって続くのです。

編集部員は相手をそれ以上刺激しないように応対をするので、神経がくたくたになってしまいます。

編集部員はその応対に交代で当たらなければならないし、電話回線はふさがれているし、夜まで通常業務ができない。結局夜になってから、作家との打ち合わせなど通常の業務を開始するのですが、そういうことが毎日夜二時、三時までかかる。編集部員は疲れ切ってしまって、このままでは編集作業ができないから、『スピリッツ』誌を休刊しなければならないかもしれないところまで追い詰められていると編集長はいいます。

これには私も驚きました。

そんなすさまじい話を聞いたことがない。

ただ、いくつかの企業に、そのような電話をかけて来る人間がいて、そういう人間はプロのクレーマーと呼ばれるという話は何度か聞いたことがあります。プロのクレーマーの狙いは、クレームを抑えるための金銭の要求、あるいは単に狙いを付けた企業に対する業務妨害です。

私はそのようなプロのクレーマーの存在を知っていたので、編集長にそんな電話をかけてくるのは、普通の人間ではない、どこかの団体か組織に属する人間、プロフェッショナルの人間だろう、普通の読者にそのような一時間にもわたる脅迫電話まがいの電話をかけることができるわけがない。そんな電話がかかって来たら、すぐに切ればよいだろうといいましたが、編集長は出版社としてそうは行かない、といいます。私にはよくわかりませんが、出版社は読者と称して電話をかけてきた相手に対しては丁寧に応対しなければならないのだそうです。

それに、そんな人間ばかりでなく、普通の人からも電話がかかってくるともいいます。

しかも、私が何か自分のブログに書く度にそれについての文句の電話が殺到するというから、私は自分自身の事態の認識の甘さを痛感しました。

私が「沈黙」を選んだ理由

私は編集長と話していて、私はこの嵐が鎮まるまで自分のブログを更新するのを止めようと自分で決めました。

私が自分のブログに何か書く度に、それを理由にして『スピリッツ』誌編集部に、喚き、怒鳴る電話がかかってくるとわかっては、私は自分のブログに何も書くことができなくなったのです。

小学館、そして『スピリッツ』編集部が私に頼んだわけではありません。

私のような漫画原作者にとって一番の味方、同志である編集部の、それも若い編集部員がそんな苦労をしていると知っては、こんなに辛いことはありません。味方を苦しめるわけには行きません。

私自身が自分の意見をいうことを控えようと決めたのです。

それ以来、たった一度だけ、この本を出すことを予告した以外、一切ブログに書き込みをしていません。

この本を出版したからには、もはや、すべての文句は私と、この出版社（遊幻舎）にいってくるべきであって、小学館に何をいっても、「雁屋哲については『遊幻舎』におっしゃって下さい」と担当者はいうことになっています。

この本の出版以後は私も以前通り、自由に私のブログに書き込みを始めるつもりです（といっても、大変に無精な人間なので、そんなに頻繁には書き込みませんが）。

ここまでが、「福島の真実編」第22話を書いて以来、私と『ビッグコミックスピリッツ』誌編集部が受けた攻撃の実相です。

私は

「自分が鼻血を出した経緯」

「福島の現状」

について、自分の意見を述べたいと思いましたが、あの状態で自分のブログで何をいっても、火に油を注ぐようなものですし、いろいろな新聞社、雑誌社などからインタビューの申し込みを多数受けましたが、この状況では何をどこでいっても悪い結果しか生まないだろうと私は考えました。

それに、雑誌やテレビのインタビューでは、紙面や時間に限りがあるので私の意見が切れ切れにしか伝えられず、その世論が「雁屋哲叩き」で沸騰しているときに、それではかえって誤解を招く恐れがあるとも思いました。

私は事態が沈静化するまで何もいうまいと決めて、すべてのインタビューの申し込みをお断りし続けてきたのです。

ブログにも、事態が沈静化したら自分の意見、反論を書くと約束しました。

長い時間が経ちましたが、今、その約束の時が来たと思います。


それが、私がこの本を書いている理由です。

私は、あの時に私に浴びせられた非難に反論すると同時に、『美味しんぼ　福島の真実編』で書き切れなかったことを書いていこうと思います。

この本は、単にあの時私に浴びせられた非難・攻撃に反論するものではなく、「福島の真実編」の増補版としてお読みいただければ幸せです。

「鼻血問題」の論点を整理してみる

では、一体あの嵐のような私に対する非難・攻撃は何だったのでしょうか。

「福島の真実編」第22話が『スピリッツ』誌に掲載されて以来始まった私に対する非難、攻撃をまとめてみると大きく分けて次の二つになります。

①私が被曝《ひばく》した程度の低レベル放射線で、鼻血が出るという根拠がない。
②福島県は危険であるような風評被害を与えた。

その他にも、いろいろなことをいわれましたが、この二つに分類されるものが一番多く、また問題として大きいと私は考えます。

①の「低レベル放射線で、鼻血が出るという根拠がない」という問題は、
(イ) 鼻血が出る根拠
(ロ) 低レベル放射線の安全性
の二つに分けて検討しなければならないでしょう。

②の「福島県は危険であるような風評被害を与えた」という問題も、
(ハ) 風評とは何か
(ニ) 福島県は危険であるのかどうか
という二つに分けて検討する必要があります。

ところで、この検討をする前に、大前提として「安全とは何か」について私が判断する基準

を説明しておきたいと思います。

私の設定した安全についての基準自体が間違っているというご批判はもちろんあるでしょう。しかし、私自身の安全についての判断基準はこのようなものだと示しておけば、この本を読まれる方は、私の安全に対する考え方がよくわかっていただけると思います。

そこで、この本で私が「安全」「安心」について語る時の「安全原則」をまず次の章に書きます。

第2章

安全の定義

安全とは何か

①いかなる事物であっても、それが人間存在（肉体、精神）を傷つけ、損なうものを危険、という。

②これまでに人類が集積してきた知識を元に、科学的に客観的に検証しても、その事物が危険であるとは認められないとき、その事物は安全である、という。

③今の科学のもつすべての能力を用いて客観的な検証を行っても、安全であるか危険であるかわからないものは、今の段階では、安全か危険かわからない、という。

（A）すべての場合で安全といえるのは、②だけである。
③の、安全であるか危険であるか、今の段階ではわからないものは、安全とはいえない。
安全といい切れないものは安全ではない。
安全でないものは危険である、と捉えることが合理的である。

(B) 明らかに危険なものを安全ということは、重大な犯罪である。同時に、今の時点で「安全か危険かわからないもの」を「安全」ということは、より一層重大な犯罪である。

なぜなら、

(イ) 人を危険に追いやる可能性がある

(ロ) 人が安全性について考える基本的な態度を奪うからである。

(C) 安全か、安全でないか、の判断は、人類の体験してきた知識の集積をもとに、科学的に十分な検討を経て客観的に行われなければならない。

安全と安心の違い

①安全と安心とは別のものである。

②安心とは、安全が客観的なものでなければならないのに対して、主観的なものであることが多い。
安全なら安心だが、安心だから安全とは限らない。

人によっては、前に述べた客観的な安全が確認できない場合でも、その場の状況に応じて、「安心しよう」あるいは「安心しろ」という主観的な願望や強制に強く動かされることがある。安心とは主観的なものであって、客観的で科学的な検討の結果とは必ずしも一致しないことが多い。

宗教、政治、経済的利害などの要請によっても安心は作り出され、あるいは信じ込まされ、信じることを強制され、さらには信じているふりをすることを強制されることがある。

世の中には、強制された安心、自発的に受け入れた強制による安心が多く存在する。

③前に述べた客観的な判断による安全は、誰にとっても安全だが、ある一人の人間、ある組織、ある団体が唱え、あるいは主張・強制する安心は他の人間にとっても安心とは限らない。

④安全は、科学的に客観的に決められる。
安心は、状況によって、人為的に政治的に決められることがある。

結論

安全とは、誰もが検証・再現可能である確実な事実を元にした、科学的な検討を経て、客観的に判断できるものでなければならない。

そのような科学的で客観的な検証を経ずに「これは安全だ・安心だ」と、自分自身だけ、あるいは自分の属する組織、団体の中でだけいうなら構わないが、それ以外の人間にもその「安全・安心」を押しつけ、果てはその考えに従うように強制することは、重大な犯罪である。


ちょっと硬く読みづらい文章だが、我慢していただきたい。これが、私が安全について考えるときの基本的な態度なので、どうしても、この点は理解しておいていただきたいのだ。

なお、この安全論をまとめるのには、放送大学客員教授（医学・臨床心理）の久智行《ひさともゆき》氏から多大の示唆を受けています。久氏は東京大学先端科学技術研究センターにおられたときに、血小板や目の正常な形成に欠かせない遺伝子を突き止めるなど、大きな業績を上げています。

第3章　「鼻血問題」への反論

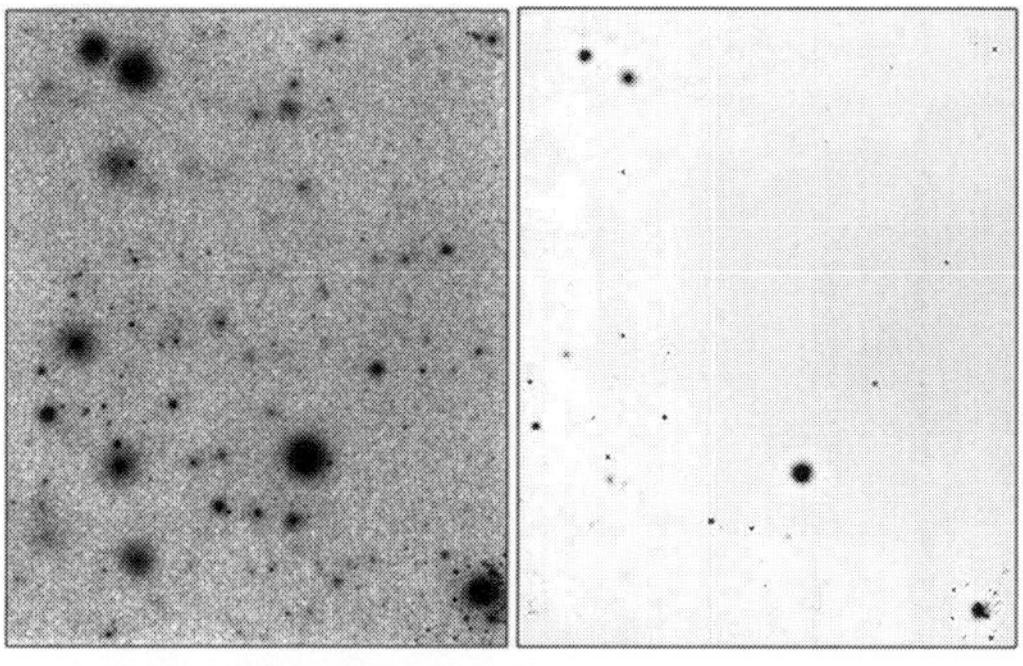

2013年7月に南相馬市の某小学校前で確認された放射性微粒子。右の写真は左のデジタル画像のノイズを除去したもの。福島にはこうした放射性微粒子が今も無数にあるのだ（写真提供／西尾正道氏）

1　環境省のだまし技

国が出している公式の見解

様々な人が、私の受けた被曝量で鼻血など出るわけがないといって非難しました。その意見をいちいち取り上げていると大変なので、反論の材料として今回は、二〇一四年五月十三日に、環境省の発表した、

「放射性物質対策に関する不安の声について」

(http://www.env.go.jp/chemi/rhm/info_1405-1.html)

という文書を検討することにします。

「福島の真実編2」に対応するために出された《**国の公式の見解**》だからです。

(ネットに出された環境省の文書を、そのまま、コピー・ペーストしてあるので、表記の仕方が、私のものと違って違和感があるかもしれないが、この方が環境省の言い分を直接伝えられ

ると思うので、ご了承下さい。）

東京電力福島第一原子力発電所の事故による被ばくにより、疲労感や鼻血といった症状が福島県の多数の住民にあらわれているのではないかとのご不安や、災害がれきの広域処理に係るご不安、また、除染作業、効果等に関するご不安の声もいただきました。このような不安にこたえ、不当な風評被害が生じることを避けるとともに、福島県内に住んでおられる方々の心情に鑑みて、環境省としての見解を以下のようにお示しいたします。

【放射線被ばくと確定的影響の１つとされる疲労感、鼻血といった症状との関係について】

国連（原子放射線の影響に関する国連科学委員会（ＵＮＳＣＥＡＲ（アンスケア））が、これまでの知見に基づき公表した「２０１１年東日本大震災と津波に伴う原発事故による放射線のレベルと影響評価報告書」（平成26年４月２日公表）によれば、住民への健康影響について、「確定的影響は認められない」とされています。

東京電力福島第一原子力発電所の事故の放射線被ばくが原因で、住民に鼻血が多発しているとは考えられません。

【がれきの広域処理について】

災害がれきについては、岩手県、宮城県から搬出されたものについて、両県外での広域処理を実施しております。広域処理を実施した全ての地域において、焼却施設における排ガス実測データ中の放射能濃度等の実測データは検出下限値未満であり、安全に処理できていることを確認しています。

【除染について】

除染事業の効果については、除染前後の測定結果から、除染作業により空間線量率が低減することが確認されています。また、除染後も、面的な除染効果が維持されていることが、除染作業後一定期間を経た後の測定結果等から分かっています。

除染作業員の安全衛生については、労働安全衛生のための法令等に則り、適切に放射線障害防止対策を講じています。

【参考（放射線被ばくと確定的影響の1つとされる疲労感、鼻血といった症状との関係について）】

放射線の人体への影響には、影響が生じるメカニズムの違いにより、「確定的影響」と「確率的影響」があります。確定的影響は、臓器や組織を構成する細胞が大量に死んだり、変性したりすることで起こる症状で、高線量を短時間に被ばく後、数週間以内に現れる影響である急性障害もこれに含まれます。

確率的影響と異なり、確定的影響の特徴は、これ以下なら影響が生じない、これ以上なら影響が生じるという「しきい値」が存在することです。造血機能低下（白血球や血小板が作られなくなる）は約500mGy（0・5Gy）以上で現れるとされ、鼻血の誘因となる出血傾向が生じるのは、それより高い被ばく線量です。吐き気、嘔吐、脱力感は1000mGy（1Gy）未満では現れないとされています。

　鼻血の原因は数多くあり、その鑑別には鼻腔の診察や、場合によっては血液検査が有効です。確定的影響が生じるほどの高い線量の被ばくを全身に受けた場合、鼻血だけでなく、鼻粘膜の広範囲な障害、全身の内出血、頭髪の脱毛などが生じることもあります。被ばく線量の推計や被ばくから症状発症までの経緯とともに、これらの症状を総合的に評価する必要があります。

　また、福島県が実施している県民健康調査では、内部被ばく・外部被ばくとも、以下に示す結果となっており、これまでの科学的知見では「放射線による健康影響があるとは考えにくい」と評価される範囲となっています。疲労感・鼻血といった症状と被ばく量との関係が既に知られているほどの被ばくをされた方は確認されていません。

・外部被ばく線量は、99・8%が5ミリシーベルト未満、99・9%以上が10ミリシーベル（原文ママ）未満
・内部被ばく線量は、99・9%以上の方が1ミリシーベルト未満

（注）シーベルト（Sv）とグレイ（Gy）の関係について
　Gyは、物質が放射線から受けるエネルギー量を表す量であり、Svは生体が放射線から受けたエネルギーによって起こる影響を表す量です。それらの関係は係数をかけて換算することとな

るが、X線、ガンマ線及びベーター線は係数が1であるため、数字としては同じになります。ただし意味合いは異なります。

鼻血についての要点をまとめると、

①国連科学委員会がこれまでの知見に基づいて公表した結果では、住民への健康影響について「確定的影響は認められない」とされている。

②したがって、福島原発事故の放射線被曝が原因で、住民に鼻血が多発しているとは考えられない。

③放射線の影響には「確率的影響」と「確定的影響」がある。人間の体の臓器や組織に対する影響は「確定的影響」であり、「確定的影響」はこの値以上なら人体に影響があるが、それ以下の値であれば影響が生じないとされる「しきい値」が存在する。造血機能低下（白血病や血小板が作られなくなる）は約500ミリグレイ（0・5グレイ）であり、鼻血の誘因となる出血傾向は、それより高い被曝線量である。

「確率的影響」「確定的影響」について、この文書では説明がないためわかりにくいので、電気事業連合会のホームページの説明を引用します。

「確定的影響」とは、「一定量の放射線を受けると、必ず影響が現れる」現象を言う。受けた放射線の量が多くなるほどその影響度（障害）も大きくなる。「確定的影響」は放射線を受ける量を一定値（しきい値）以下に抑えることで防ぐことが出来る。「確率的影響」とは、一定量の放射線を受けたとしても、必ずしも影響が現れるわけではなく、「放射線を受ける量が多くなるほど影響が現れる確率が高まる」現象を言う。「確率的影響」はICRP（国際放射線防護委員会）はしきい値がないとしている。

ガンや白血病は「確率的影響」によるものである。

④鼻血の原因は数多くあり、その鑑別には鼻腔の診察や、血液検査も有効である。「確定的影響」が出るほどの線量の被曝を全身に受けた場合、鼻血だけでなく、その他の症状もでる。被曝線量の推計やそれらの症状を総合的に評価する必要がある。

⑤福島県が実施している県民健康調査では外部被曝・内部被曝とも、これまでの科学的知見では「放射線による健康影響があるとは考えにくい」と評価される範囲である。疲労感・鼻血といった症状と被曝量との関係が、既に知られているほどの被曝をした人は確認されていない。

「考えられない」とは何事か

実に曖昧で不正確な文書ではないでしょうか。

まず、①の原子放射線の影響に関する国連科学委員会（UNSCEAR）について議論すると長くなるので、ここではやめておくことにして、次の②の文章です。

この②の文章では、①で挙げた、国連科学委員会の報告書の内容を正しいものとして、それによれば「東京電力福島第一原子力発電所の事故の放射線被ばくが原因で、住民に鼻血が多発しているとは考えられません」といっています。

「考えられない」といっているのです。

環境省は自分で調査をしたわけではなく、「国連科学委員会」の報告書だけをもとにして、「住民に鼻血が多発しているとは『**考えられない**』」といっているのです。

なんという怠慢、なんという無責任。

自分で調査して「**我々の調査の結果、住民に鼻血は多発していない**」というなら、その調査の結果の内容について問題があったとしても、環境省はこの鼻血問題を議論する資格はあります。

しかし、環境省は自分で調査もせずに、国連科学委員会の結果だけを元に「住民に鼻血が多発しているとは**考えられない**」といっているのです。それでは、鼻血問題についての議論をする資格はないでしょう。

実際に自分で問題に当たらず、他人の報告書を論拠にして「**考えられない**」とは何事でしょうか。

事実を自分で見ず、代わりに他人の書いた論文で事を済ませてしまおう、というのです。

しかも「**考えられない**」といった場合、責任は「国連科学委員会」に押しつけることができます。

「鼻血が出ない」ということが間違っていることが明らかになったときには「『国連科学委員会』がこういったから、私たちは『**考えられない**』といったんだ。間違っていたらそれは『国連科学委員会』が間違っていたからであって、私たちの責任ではない」といい逃れすることができます。

それは、勘ぐりすぎだという人もいるでしょうが、この文書こそ、自分の責任を絶対に取らずにすまそう、という役人根性の固まりだと私は思います。

この文書は当事者意識が完璧に欠除した、無責任なものではないでしょうか。

野党時代の自民党議員は偉かった

それに反して、きちんと自分で調べた結果を基にして鼻血の問題を国会で取り上げた国会議員たちがいました。

「DAILY NOBORDER」二〇一四年五月十九日配信の記事を引用させていただきます。

安倍氏が総裁を務める自民党が原発事故直後の野党時代に、この鼻血問題を国会で取り上げ、民主党政権追及の材料に使っていたことがわかった。

例えば、熊谷大参院議員は二〇一二年三月十四日の参院予算委員会、同二十二日の文教科学委員会で質問した。

二十二日の議事録によると、宮城県南部のある小学校の保険だよりを手に、「内科的症状では、頭痛、腹痛、鼻出血の順に多く、鼻出血というのはこれは鼻血のことですね。（中略）平野大臣、この事実をもう一度、どのようにお考えになりますか」などと発言し、十四日の予算委員会でも、「こういう結果が出ているのに、それでも本当に不安はないといえるのですか？」と追及している。

あるいは同年四月二十五日の憲法審査会では、山谷えり子参院議員が『美味しんぼ』にも登場していた福島県双葉町の井戸川克隆町長（当時）の発言を取り上げ、こう発言している。

「井戸川町長が雑誌のインタビューでこんなことをいっています。『（中略）放射能のために学校も病院も職場も奪われて崩壊してしまった。私は脱毛しているし毎日鼻血が出ている。（中略）我々は被曝させられたのに、その対策もない検査もしてもらえない』、これは本当に重い発言だと思います」

今回の『美味しんぼ』騒動で、現職の消費者担当相として「（漫画の描写は）放射能と鼻血との因果関係があるかのように誤解される記載だった」「影響力の大きさを考えると、福島県民と子供たちの根拠のない差別や偏見を助長するようなことについては大変、遺憾だ」などと批判の急先鋒に立つ森まさこ氏など、二年前の参院東日本大震災復興特別委員会（六月十四日）でこんな質問をしているのだ。

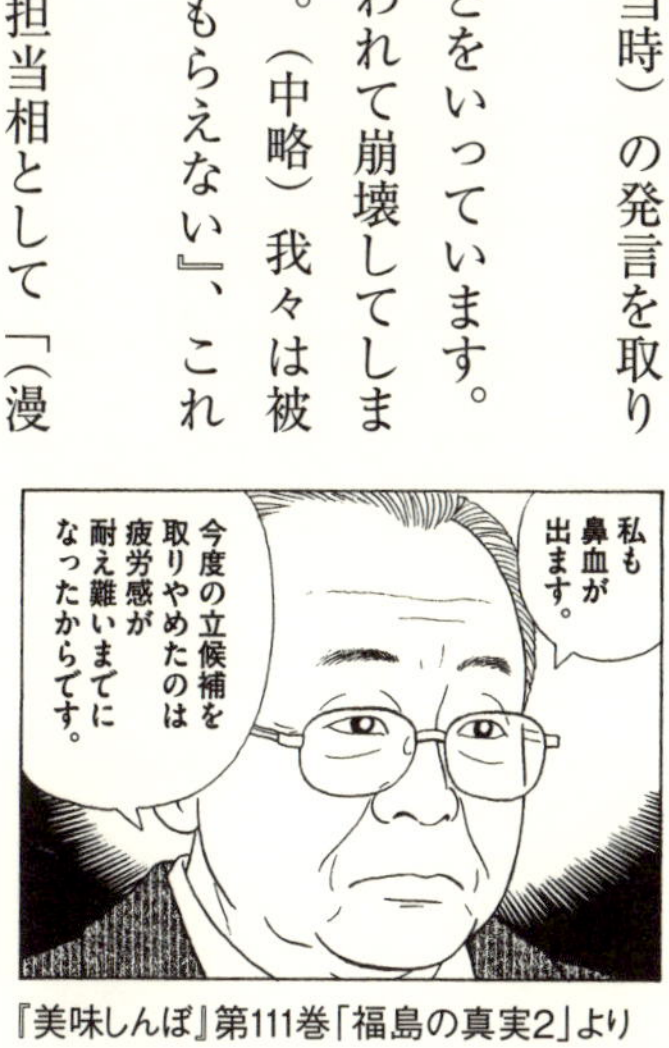

『美味しんぼ』第111巻「福島の真実2」より

「（将来的に子供たちが原発事故が原因で病気になった場合）被害者の方が、子供たちの方が、この病気は原発事故によるものだということを立証しなければならない。これはほとんど無理なのです。（中略）具体的には、こんな心配の声も聞いています。子供が鼻血を出した、これは被曝による影響じゃないかと心配で、診察してもらった、検査してもらった、そのお金はどうなるんですか？ということです」

さらに、二〇一一年十二月二日の同委員会でも、長谷川岳参院議員が、「放射能の危険性というものはどういうものなのか、そのことについては専門家の間で必ずしも意見が一致しておらず、そのような中で個々人が判断をしなくてはいけないというところに今回本質があると思います（後略）」と、極めてまっとうな指摘をしつつ、参考人として呼ばれた福島の住人から、自分の娘をはじめとして、周囲に鼻血の症状を訴える子供が「非常に多かった」という発言を引き出している。

あとでまた言及しますが、国会証言とは大変に重い意味を持つものです。自分で調査もせずに「考えられない」などという環境省の不真面目な文書は、この国会議員たちの言葉によって全く無意味なものであることが明らかになったのではないでしょうか。

この国会議員たちは、福島における「鼻血」が放射線被害という重大な問題であると認識し、自分たちの調査を元にそれを国会の場で当時の政府に、「鼻血」を中心とした福島の人々の健康問題をどうするか、真摯《しんし》に問うたのです（当時は真摯と見えました）。

政治家にとって鼻血は「道具」なのだ

ただ、悲しくも滑稽《こっけい》なことに、当時野党だった自民党所属のこの国会議員たちは、自分たちが与党になると、「鼻血問題」を真摯に取り上げて当時の与党であった民主党を攻撃したことをころっと忘れて、例えば森まさこ氏などのように、『美味しんぼ　福島の真実編』の鼻血の場面について、

「影響力の大きさを考えると、福島県民と子供たちの根拠のない差別や偏見を助長するようなことについては大変、遺憾だ」

として、今度は

「『鼻血』を問題にすることが福島の人たちを傷つける」

と正反対のことをいい出しました。

いやや、すごいな、と思います。

自分たちが野党だったときには「放射能の影響で鼻血が出ていて大変だ」といって、当時の政府を攻める道具に使い、自分たちが原発推進いのちの与党になると、「鼻血が出るということは、大変に遺憾だ」という。

「鼻血」はこの人たちにとっては道具に過ぎないのです。

鼻血で苦しんでいる人たちの辛さなど、この人たちにはどうでもよいことのようです。

こういう人たちの本当の心はどこにあるのでしょう。

自分が以前に何をいったかも考えずに、いや自分が何をいったのかの記憶もなく、その時々の利害関係によって都合のよいことをいう。これじゃ、真実の心を持たない変身・変心怪獣じゃありませんか。

この人たちを自分たちの代表として選んだ選挙民にお尋ねしたい。あなたたち選挙民も、こんな人間だと思っていいんですか。

まさかね、と私は思いたいのですが。

福島で人々が浴びている放射線とは

では、次の③と④に行きます。

環境省が③と④でいっていることは、直接内臓に影響を及ぼす高い線量を被曝しない限り、鼻血は出ない、ということです。

環境省はここで、だまし技を使っています。

「**血小板を作る臓器が障害を起こすような大量の放射線被曝をしない限り、鼻血は出ない**」

というのが、だまし技の一つ。

現在の福島の人々はそのような大量の放射線を被曝することはないから、血小板を作る臓器が障害を起こすことはない。したがって鼻血が出ることはない、というのでしょう。

では、原発事故後の福島で、人々はどのような形で放射線を被曝しているのか考えてみましょう。

放射線を被曝する形でわかりやすいのは、放射線源が一つであるものです。

X線写真を撮るときに、そのX線は「X線発生装置」から放射される。

我々が医療行為としてX線の放射を受けるときは、そのように放射線源が単一です。

しかし、現在福島の人たちが浴びている放射線は、単一の放射線源から出ているものではありません。

福島第一原発の事故の際に、大量の放射性物質が大気中に放出された。その放射性物質が、福島の人々が浴びている放射線の、放射線源なのです。

その放射性物質は大地に落下し、あるいは微少な粒子の状態で、大気中を浮遊しています。

福島の人々が浴びている放射線の放射線源はその無数の微少な放射性物質なのです。

福島で線量計で放射線を測定したときに出る数値は、大地、建物の壁や屋根、様々な植物に落下した放射性微粒子、さらに落下せずに空中を浮遊している放射性微粒子が放射する放射線の総和なのです。

線量計の数値がころころ変わるのはなぜか

空気中を浮遊している放射性微粒子の存在を私は身をもって体験しました。

いわき市の海岸でも、福島市の中心でも、線量を測定していると線量計の数値がころころと変わる。

最初は、線量計が安物だからだと思いました。よく見かけるロシア製の黄色い小型のものよりは高級な国産のものですが、それでも携帯電話機程度の大きさで、検出器と線量計本体が別になっている高級なものとは違います。

こんなに数値が見ているうちにころころ変わるのは、この線量計が不安定なのだろうと思いました。

ところがあるとき、福島市のホテルの前で線量を測定していたときに、あるものの存在に気がついて愕然《がくぜん》となったのです。

あるもの、とは何か。

それは風、です。

その日、福島のそのホテルの前は風が強かった。

それで、風の向きと強さで、線量計の数値が変わることに気がついたのです。

線量計の数値がころころ変わるのは、線量計が不安定だったからではなかったのです。風の向きと強さが変わると、線量計を取り巻く周囲の放射性微粒子の分布が変わるからだと私は気がつきました。

私の福島取材に同行していた人間が「福島第一原発の方向から風が吹いてくると線量計の数値が上がるみたいだ」といいました。

私は「それは気のせいだろう」といいましたが、「いや、待てよ」と思い直しました。二〇一二年の段階で、福島第一原発からは毎時1000万ベクレルを超える放射性物質が放出されていたのです（東京電力が二〇一二年九月二十五日に発表した数値）。

であれば、福島第一原発の方向から風が吹いてくると、放射性微粒子の数が増えて線量計の数値が上がる、ということはあり得ます。

私はこの風の向きと強さで線量が変わることを体験して、福島の人々の放射線被曝の実状を認識することができたのです。

この私の認識は間違っていないことが、北海道がんセンター名誉院長、西尾正道氏の著書『正直ながんのはなし』（旬報社刊）の166～167頁を読んで確認できました。

そこでの記述をまとめると、

《二〇一三年七月に南相馬市原町区の某小学校前で、十日間大気を吸着させたフィルターをデジタル現像した結果、多くの放射性微粒子が確認された（本章扉写真）。
また、筑波の気象研究所で事故後の大気中に浮かんでいるちりを取り集めた研究では、セシウムを高い濃度で含む不溶性の球状微粒子が多数認められている（下の写真）》

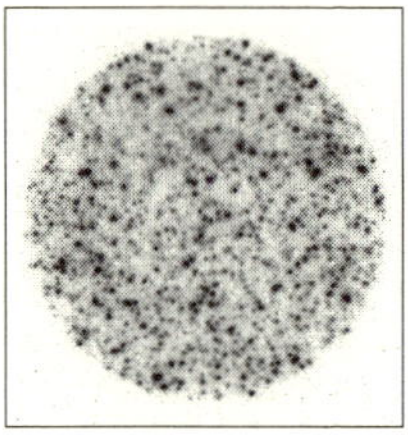

福島の人たちは単一の放射線源ではなく、大地、建物、植物、そして大気、という身の回りの環境すべてに存在している放射性微粒子から被曝しているのです。いい変えれば、放射線源に取り囲まれて生活している。福島にいる限り放射線被曝から逃れることはできない。
これは、耐え難く恐ろしいことですが、今の福島の現実なのです。
福島の人々の放射線被曝の実状なのです。

さて、この福島の人々の被曝の実状を認識したら、先に引用した環境省の文書をもう一度読んでみましょう。

確率的影響と異なり、確定的影響の特徴は、これ以下なら影響が生じない、これ以上なら

影響が生じるという「しきい値」が存在することです。造血機能低下〈白血球や血小板が作られなくなる〉は約５００ｍGy（０・５Gy）以上で現れるとされ、鼻血の誘因となる出血傾向が生じるのは、それより高い被ばく線量です。吐き気、嘔吐、脱力感は１０００ｍGy（１Gy）未満では現れないとされています。

鼻血の原因は数多くあり、その鑑別には鼻腔の診察や、場合によっては血液検査が有効です。確定的影響が生じるほどの高い線量の被ばくを全身に受けた場合、鼻血だけでなく、鼻粘膜の広範囲な障害、全身の内出血、頭髪の脱毛などが生じることもあります。

福島の状況で環境省のいう、このような高い線量〈約５００ミリグレイ〈０・５グレイ〉〉を外部被曝するためには、極めて大量の放射性微粒子を集めてそれを頭からかぶるしかありません。

事故直後ならともかく、今そんな事態が起こるわけがありません。

単一の放射線源となると、福島第一原発の中に防護服なしで入りこんで原発に近寄るしかないが、誰がそんなことをしますか。

環境省のいう５００ミリグレイなどという被曝を福島の人々がするはずがありません。

環境省の最初のだまし技は、現在の福島の人々が被曝しようのない放射線量を被曝することを、鼻血が出る条件として設定して、その条件に合わないから鼻血が出ない、としてしまうことです。

「鼻血を出す子が多かった」という事実

もう一つのだまし技は、

「そのような強力な外部被曝によって体内の造血機能が低下することによってしか、鼻血は出ない」と決めつけたことです。

では、次のような事実を、環境省はどう説明するのでしょう。

（イ）双葉町民の健康状態について、二〇一二年十一月に、岡山大学、熊本学園大学、広島大学の研究者による合同プロジェクト班が疫学調査を行い、二〇一三年九月六日にその報告書を発表しました。

調査は福島県双葉町、宮城県丸森町筆甫地区、滋賀県長浜市木之本町の三地区を対象として行われ、その結果、木之本町と比べて双葉町と丸森町では、「体がだるい、頭痛、めまい、目のかすみ、鼻血、吐き気、疲れやすいなどの症状」が有意に多く、**「鼻血に関して両地区とも高いオッズ比を示した」**という事実。

（オッズ比とは統計学の用語で、二つの物事に対して一以上のオッズ比を示すと、その二つの関連性は高いとされます。）

報告書によれば、この福島県における放射線と鼻血についてのオッズ比は三を超えている。明らかに、放射線によって鼻血が出たことを示しています。

（ロ）前掲の、西尾正道氏の著書にもあげられてますが、

（save child http://savechild.net/archives/6247.html）

または、（http://www.asyura2.com/14/genpatu37/msg/870.html）に掲載されている、伊達市保原小学校の「健康だより」（二〇一一年）に

「この一学期間に、保健室で気になったことが二つあります。一つ目は、**鼻血を出す子が多かったこと**。二つ目は、学校感染症（インフルエンザを始め、溶連菌感染症・リンゴ病等）が夏休み直前まであったことです。放射能との因果関係はあるのかどうかわかりませんが、とても心配です。（以下略）」

と書かれていた事実。

（ハ）フォトジャーナリストの広河隆一氏は、一九九三年から一九九六年にかけて、チェルノ

ブイリ周辺（チェルノブイリ原発から三キロメール、一七キロ、四五キロ、など広範囲にわたる地域）の二万五六六四人に対して、事故直後から事故十年後に至るまで、綿密な調査を行いました（ブログ「DAYSから視る日々」より）。

その結果、**避難民の五人に一人が鼻血が出ると答えた**、という事実を確認しました。

（このような大規模な調査を行った理由は、広河隆一氏によれば、「一九九〇年、IAEAはチェルノブイリへの調査団を派遣し、翌年、健康被害の不安を打ち消す報告書を発表している。その報告に疑問を持った私たちは、広河事務所とチェルノブイリ子ども基金（当時は私が代表だった）共同で、現地NGOの協力を得て、一九九三年八月から一九九六年四月まで、避難民の追跡調査を行ったのだ」とのことです。）

（二）先に取り上げましたが、二〇一一年十二月二日の参院東日本大震災復興特別委員会で、長谷川岳参院議員が、「放射能の危険性というものはどういうものなのか、そのことについては専門家の間で必ずしも意見が一致しておらず、そのような中で個々人が判断をしなくてはいけないというところに今回本質があると思います」と、極めてまっとうな指摘をしておいて、参考人として呼んだ福島の住民が、「**自分の娘をはじめとして、周囲に鼻血の症状を訴える子供が非常に多かった**」と証言した事実（念を押しておきますが、国会での証言は非常に意味が重いのです。国会で虚偽の証言をした場合、重い罪に問われます）。

以上四件の事実を挙げました。

鼻血が出たのは、私だけではありません。

多くの人が、鼻血で苦しんでいるのです。

環境省の書いた作文は、この四つの事実だけで、その無意味さがあらわになってしまいます。

実際は、「鼻血が出た」という件について、この四件以外に、ありあまるほど否定できない真実の証言があるのです。

2　どうして鼻血は出たのか

すべての人が鼻血を出すわけではない

では、環境省がいう、五〇〇ミリグレイなどという強力な外部被曝を浴びないのに、どうして鼻血が出るか、説明してみましょう。

環境省の二つ目のだまし技を暴いてさしあげます。

ただ、誤解していただきたくないのですが、これから私の示すような放射線の被曝の仕方をしても、すべての人が鼻血を出すわけではありません。

伊達市保原小学校の「健康だより」にも、「鼻血を出す子供が多かった」と書かれているだけであり、すべての子供が鼻血を出したと書かれているわけではありません。

国会で証言をした福島の人も「自分の娘をはじめとして、周囲に鼻血の症状を訴える子供が非常に多かった」といっているだけです。周囲の子供全員が鼻血を出したとはいっていません。

「多かった」とか「非常に多かった」という表現は、「鼻血を出す人間が目立った」という意味で、逆にいえば全員が出したわけではないことを意味します。

「多い」とはどの辺からいうのか、鼻血については、広河隆一氏がチェルノブイリで行った調査結果の「五人に一人」くらいから多いと認められるのではないでしょうか。

五人に一人というと数字的に小さいように思えますが、もしこれが食べ物だったらどうでしょうか。

食べた人の五人に一人に鼻血が出るような食べ物を誰が食べるでしょうか。

そして、鼻血は放射線が人体に引き起こす数多くの障害の中の、たった一つの症例に過ぎません。

五分の一の人が鼻血を出すような被曝環境にいれば、鼻血を出さなかった人も、今は気がつかないが何か放射線被曝による害を感じるようになるかもしれません。

と断っておけば、「次に示すような被曝の仕方をしても、全員が鼻血を出すわけではない」ということを理解していただいて、話を先に進めます。

重要な点は、さっき書いた、

「福島の人たちは単一の放射線源ではなく、大地、建物、植物、そして大気、という身の回り

の環境すべてに存在している放射性微粒子から被曝している」

という事実です。

私たちが日常的に浴びている太陽光の線源（太陽光も、セシウムが放射するガンマー線も、その波長が違うだけの電磁波です）は太陽。

X線写真を撮るときのX線の線源は、X線発生装置です。

福島の人々はそのような単一の線源からではなく、身の回りに存在している放射性微粒子から放射線を被曝しているのです。

その微粒子が体外にある場合は、われわれはその放射する放射線を外部被曝として受けています。

一つ一つの微粒子の放射線の強度は低いが、何千何万という微粒子からの放射線が合わさると、空間線量が毎時1マイクロシーベルトなどという大きな数値になるのです。

放射線の強さは線源と人体との距離で変わる

「微粒子一個の持つ放射線の強度は小さいが、人体にじかにくっつくと、その周辺の人体の細胞に及ぼす影響は大きい」

物理学の法則では、人体が受ける放射線の強さは、放射線源と人体の間の距離によって変わります。

その変わり方も距離の二乗に反比例して変わります。

二乗に反比例するとは、距離が二分の一になると、二分の一の二乗である四分の一に反比例して四倍になるということ。

距離が百分の一になると受ける強度は百の二乗の反比例で一万倍となる。千分の一だったらどうなる、一万分の一だったらどうなる、その放射性物質が体にくっついたら、距離はゼロだ。となると受ける放射線の強度は無限大になる、ぎゃあ。

などといって脅かす人がいますが、元の距離から百分の一だの、千分の一だのといっているのです。絶対的な強度とは関係がありません。

数字のマジックに引っかかってはいけません（おもしろいけれど）。

実際に体にくっついても、被曝するのは当然その放射性微粒子のもつ強度以上にはなりません。

それでは、放射性微粒子が直接鼻の粘膜に付着したらどうなるのでしょう。

それを考える前に、放射性微粒子とはどんなもので、どんな形のものなのか知っておく必要があるでしょう。

前に挙げた西尾正道氏の著書にも取り上げられていますが、兵庫民医連・東神戸診療所の郷地秀夫氏がお配りになった「それでも、放射線で鼻血はでることもある」という文書の12頁に、「気象研究所」の足立光司氏の研究「福島原発のセシウム放射性粒子」がより詳しく紹介されています。

その部分を紹介します（一部、用語をわかりやすいように変えてあります）。

「気象研究所の足立光司氏らは、福島原発から放出された放射性粒子を事故直後から、空気中のフィルターで捕獲してその分析を行っている。

その報告は、電子顕微鏡、放射線解析装置を用いた、非常に信憑《しんぴょうせい》性も高く、信頼できる報告である。

本論文によると放射性の粒子の多くは、大きさ二マイクロメートル前後の球形の粒子であり、セシウム以外に数種類の金属を含む、混合体の金属粒子である。

その金属粒子は、不溶性で、血中でセシウムだけが分離するようなものではなく、微粒子のまま体内を循環し、時に沈着するような性格のものである。（中略）こうしたきれいな球形の粒子は、球体が冷却してできたものやいったん気体になったものが冷却されたとき、集まってできるとされている。

福島核燃料がメルトダウンしたときにできたと考えて間違いない」

このような球形の微粒子が福島の大気中には無数に漂っているのです。

さて、その放射性微粒子と鼻血の関係です。

セシウムは、ガンマー線とベーター線を出します。

ガンマー線とは、光、電波、Ｘ線とおなじ電磁波です。

ベーター線は、電子の流れです。

ついでに、アルファー線は陽子二個、中性子二個からなるヘリウムの原子核の流れです。セシウムからは放出されず、ラジウム２２６、プルトニウム２３９、ウラン２３５、２３８から放出されます。

私たちが普段線量計を使って測定しているのは、ガンマー線です。

ガンマー線はＸ線と同じ電磁波であって、Ｘ線が人体を透視した写真を撮ることができるのと同じで、物を突き抜ける力が強く、遠くまで届きます。

それで、安物の線量計でも線量を測定できるのです。

一方、ベーター線となると、ベーター線を測定できる線量計もありますが、我々一般の人間には敷居が高い。

というのは、ベーター線は電子の流れです。電子というのはその名の通り、周囲の電気的な影響を強く受けます。

電子自体、電気的にマイナスなので、電気的にプラスのものがあれば、そっちに引っ張られる。電気的にマイナスのものがあれば、反発する。

ベータ一線の動きはその場の電気的状況によって、ときにジグザグになります。

しかも、放射線源から届くのは、最長でも四メートルほど、平均的には一メートルから一・五メートルまでの距離しかありません（ベータ一線はその放出する原子によって飛距離が違いますが、ここでは詳しく書きません。その必要はないので）。

それで、ベータ一線の測定は面倒なのです。

しかし、これが人体に直接くっついた放射性微粒子から放射されるとなると、話は別です。

ベータ一線が遠くまで飛ばないということは、その距離を飛ぶ間に自分のエネルギーを使い果たしてしまうからです。

だが、放射性微粒子と人体との距離がゼロに近いものであれば、ベータ一線は遠い距離を飛んで自分のエネルギーを使い果たす以前に、そのエネルギー全部を人体に送り込むことができます。

放射性微粒子はその内部での核分裂が収まらない限り、放射線を出し続けます。

人体より一メートル先にあろうと、人体に密着した状態であろうと、放射性物質は遠慮なく放射線を出し続けます。

放射性微粒子が数メートル先にあったときには測定するのが難しいため、その影響があるのかないのか問題にできなかったベータ線が、放射性微粒子が人体に密着するとその影響がはっきりするのです。

「Ｘ線照射で鼻血は出ない」説の盲点

前にも書いた通り、ベータ線は大気中では数メートル飛ぶことのできるエネルギーしか持っていませんが、これが体に密着すると、その分のエネルギーを全部そこではき出してしまいます。

ガンマ線はもちろんエネルギーは強いのですが、Ｘ線写真を見てもわかるとおり、人体を突き抜けて人体の外に行ってしまいます。

人体に当たったあとが問題です。

ガンマ線は突き抜けて出ていく。

ベータ線は人体にぶつかったらそこで留まってしまって、そこですべてのエネルギーをはき出す。

放射性微粒子が人体に密着したときには、その放射性微粒子の放射するベータ線の影響はガンマー線より強いのです。

先ほど取り上げた**セシウムの微粒子が粘膜に付着したら、粘膜はガンマー線だけでなく、ベーター線をも受け止めてしまう。ベーター線の全エネルギーがそこに放出されてしまうのです。線量は強くても透過してしまうガンマー線より、細胞の受ける被害は大きいわけです。**

鼻血を出すほどの放射線を外部から被曝するのは大変です。

X線照射で皮膚を傷つけるには毎分260ミリシーベルトで、全量35シーベルト必要です。大変な高線量です。だから、X線治療に携わる医師などはいいます。

「自分たちは福島の避難区域の線量どころではない高い線量のX線を患者に照射しているが、鼻血を出す患者など一人もいない。福島程度の被曝で鼻血が出ることなどあり得ない」

だから、福島で鼻血が出るなどということは嘘だ、というわけです。

その説は二つ、大事な点を見落としています。

一つはセシウムの放射線ガンマー線はX線と同じ電磁波の仲間です。

X線は人間の体を透過する。だから、X線写真が撮れるのです。ガンマー線も人間の体を突き抜けます。

X線もガンマー線も、人間の体を透過する際に人間の体に被害を与えます。

しかし、透過してしまいます。

X線も、福島での外部被曝も、線源は体の外にあります。

放射性微粒子による鼻血の場合、線源である放射性微粒子が鼻の粘膜に密着しています。

彼らは、線源と体の距離を無視しているのです。

微粒子が粘膜に付着した場合、微粒子自体が線源ですから、線源と人体との距離は限りなくゼロです。

前に述べた、**放射線の強さは線源と人体との距離が短ければ短いほど強くなる**、という事実を考えて下さい。

福島の環境なら、鼻血は出る

もう一つはX線やガンマー線のような電磁波と違って、ベーター線は電子の流れであることです。

微粒子から放射されるベーター線は、空気中では数メートルしか飛ばないが、いったん密着すると粘膜の細胞に自分の持つエネルギーを注ぎ込みます。

ガンマー線のように透過して外に出ていかず、そこでエネルギーを使い果たすのです。

ベーター線は電子の流れです。その電子が、細胞内の分子構造の電子をはじき飛ばし、分子に障害を与える（詳しくは211頁参照）。

それがベータ線の放射する微粒子を体内に取り込んだときの、内部被曝が大きいといわれる理由なのです。

環境省のいう「500ミリグレイ」などという強烈な外部被曝を浴びることで造血機能を破壊されなくても、放射性微粒子が鼻の粘膜に付着するだけで、粘膜の微細血管が傷つけられて出血することがあるのです。

これで、環境省の論拠はすべて崩れました。

国の公式な「鼻血は風評」という説は成り立たないことが明らかになりました。

福島の環境であれば、鼻血は出るのです。

ただ、最初に申し上げましたが、このように放射性微粒子が鼻の粘膜に付着した人すべてが鼻血を出すわけではありません。

放射性微粒子が粘膜につくことで、どのように鼻血が出るところまで行くのか、その過程の詳細にはいくつかの説があり、まだこれが決定的といえるものはないと思われます。

『美味しんぼ』で、私は松井英介先生の説を紹介しましたが、郷地秀夫先生は詳細なところで、松井先生と異なる意見をお持ちです。

私はこれこそ科学だと思います。

科学の歴史を振り返ってみると、まずある一つの事象が起こるとします。その事象について、今まで持っている科学的知識では理解できない。その時に、「それは何かの間違いだ」「そんなことはあり得ない」あるいは、「神の御心である」といってそれ以上考えようとしなかったら、現在のような科学の進歩はなかったでしょう。

今回の鼻血問題で大方のマスコミがいうように、「嘘だ」「でたらめだ」と否定してしまうだけでは、放射線被曝と健康の問題について、考えるきっかけも失ってしまいます。

鼻血を出したのが私だけなら、マスコミがお祭り騒ぎをしてもいいでしょう。

しかし、私だけでなく、大勢の人たちが鼻血を出している現実を無視して「大量の外部被曝をしなければ鼻血など出ない」と決めつけて、それで人々が鼻血について考えようとすることを抑えつけるとしたら、放射線被曝と健康についての一つの大事な問題を捉えそこなってしまいます。

科学の歴史を見ると、それまでの科学で理解できない事象に出会うと、様々の人が、様々な説を出して、検討しあいました。

その検討は、「これで間違いがない」という説が確立するまでつづきます。

さらにその説を実験して確かめて、間違いがないと決まります。

たかが鼻血、と侮っていいのか

今回の放射性微粒子が鼻の粘膜に付着して鼻血が出る過程について、松井英介氏と郷地秀夫氏、さらに、西尾正道氏がそれぞれの意見を出し合っています。

この議論は、まだ続くでしょう。

いや、意外に簡単に結論が出るかもしれません。

いずれにせよ、これこそが科学というものです。

鼻血は、あまり大きな問題だとは思われていませんが、放射性微粒子が人体に直接触れたらどうなるか、という大きな問題の入り口です。

この微粒子が鼻の粘膜に付着した場合、鼻血という顕著な結果を見ることができた。

しかしこの微粒子が、人体の奥に入ったら、鼻血のような顕著な結果を表面的に見ることは難しい。

しかし、ここで放射性微粒子と鼻血の関係を正確に解明できたら、放射性微粒子が体内に入った際の、内部被曝のメカニズムが明瞭になり、医学的に大きな収穫になるでしょう。

郷地秀夫氏、松井英介氏、西尾正道氏の議論を読んでいると、私は今、科学の新しい扉を開くその瞬間に立ち会っているのだという、興奮を覚えます。

郷地秀夫氏の次の言葉は決定的です。

「鼻血と放射線の関係を考えるのは難しいが、放射線が鼻血と関係がないと考える方がもっと難しい」

そして、私の結論です。

「福島の環境であれば、鼻血を出す人はいる。

そして、鼻血は、放射線被害のたった一つの症例でしかない。

放射線被害は、私や他の人も経験している耐え難い疲労感、など他にも数多くある。甲状腺ガンなど各種のガン、白血病等に限らない、健康上の問題がある。

ただ、国はよほどはっきりした健康上の問題でない限り、放射線との関連を認めようとしない。では、簡単だ。

放射線のないところにその人たちを連れていったら、後遺症は残るかもしれないが、そのような健康上の問題は消えるだろう」

3　本当に「風評被害」なのか

私は体験した事実を書いただけだ

私は今回、鼻血の場面を書いたことで、すべてのマスコミ、福島の自治体の首長、政治家たちから「風評被害」であると非難されました。

一体、「風評被害」という言葉の意味するものは何なのでしょうか。

まず、「風評」という言葉です。

大辞林を引くと、「（よくない）うわさ。世の中の取りざた」

広辞苑を引くと、「（ある人についての）世間の評判。うわさ。とりざた。風説」

と説明されています。

要するに風評とは、真実とは関係のない、いい加減な言説ということでしょう。「風評被害」とは嘘の情報を流されたために受けた被害、ということでしょう。

では、私が『美味しんぼ　福島の真実編』で書いたものに、一つでも真実と異なるものがあったでしょうか。

私は、自分で鼻血を出しもせずに、鼻血のことを書いたのでしょうか。

私は、異常な疲労感も感じないのに、疲労感について書いたのでしょうか。

私は、自分の体験したこと、見たこと、聞いたことを、そのまま書きました。

私の書いたことに対して異議があるのなら、その異議をきちんと述べていただき、お互いに納得のいくまで議論を尽くしたいと思って、私は書いたのです。

どこかで聞いた噂話など、私が自分の責任ある『美味しんぼ』の中で書くわけがないでしょう。

私は、自分の体験した事実しか書きません。

私が書いた私自身の体験した事実について、議論もせず、「風評」と決めつける人たちに私は尋ねたい。

私の書いたことのどこに嘘があるのか、噂話で私が物を書いているのか、それを示してもらいたい。

安倍首相のパフォーマンスこそ「風評」

低線量被害も、内部被曝被害についても、一切何事もないかのように、「福島は安全だ」という人たちこそ、事実に基づかない「風評」を流しているのではないでしょうか。

安倍首相のように、相馬でヒラメを丸かじりして「安全だ」というパフォーマンスを演じてみせることは、それ自体「相馬の魚は安全だ」という風評を作り上げるものです。

福島第一原発からは毎日、80億ベクレルの汚染水が海に流されていることを、東電は認めました。

東京新聞の独自の調査によっても、福島第一原発近くの海域で、一リットル当たり1ベクレルの放射線が測定されました。

海水一リットル当たり1ベクレルという放射線量は、その海域の魚を一キログラム当たり100ベクレルにまで汚染するといいます。

安倍首相はパフォーマンスのために一口かじっただけのようですが、どうせなら、そのヒラメを毎日一キログラムずつ食べていただきたいものです。

安倍首相は大変に健康な状態にあるということですから、何の影響も出ない確率は高い。

しかし、安倍首相のように並はずれて健康状態が良好ではない人、あるいは幼児、小児、少年、青年のようにまだ成長の段階にある人たちにとっては、危険率は高くなります。

事実を認めるのは辛いことです。

しかし、事実を認めなかったら、どのように生き方を選べるのですか。


私が『美味しんぼ』で書いたことはすべて自分の目で見て、自分の耳で聞いたことです。

他人の噂話など、一つも書いていません。

書いたことの事実の責任は、すべて自分で明らかにできます。

私は取材したときの資料を大量に保存しています。

私が『美味しんぼ』に書いたことの事実の記録は山のようにあります。

自分で調べ回ったので、他人の噂話など、書く余地が私にはありませんでした。

私が書いた事実に対して、様々な意見があると思います。

しかし、それは、きちんとした事実ときちんとした科学的な理論を元にしたものであることを私は望みます。

風評被害、という言葉の害

きちんとした事実を元に、現在の科学的知見の限りを尽くして議論をしましょう。

そのようなことをせずに、私のいうことを「風評」と決めつけ、それが福島の人たちに「被害」を与えた、という人たちは、信頼できる事実を元に、信頼できる科学的な議論をして下さい。

今回私に浴びせられた「風評被害」という言葉は、全く作られたものであり、「風評被害」を熱心に唱えたのは、自治体の首長を始め、自治体組織の職員たちであることも認識しています。

自治体とは住民の安寧を守るためのものであって、住民あっての自治体であるはずです。しかし、今回の自治体の長の言葉には、住民より自治体を守る意識の方が強く感じられました。

目的が転倒していませんか。

各自治体は、私が指摘したことをまずきちんと確かめ、それに対する策を住民のために立てることが第一でしょう。

自治体の目的は住民を守ることであり、自治体という役人組織を守るために存在するものではありません。

結果的に「風評被害」という言葉は、大変悲しい言葉であると思います。

今の自分の辛さ苦しさを、まともに認めたくない。それで、「風評被害」という言葉を作って、自分たちの辛さ苦しさを指摘する人を、攻撃する。

間違った攻撃です。

攻撃する相手を間違えています。

あなたたちの攻撃する相手は、東電と、国です。

真実をそのまま書いた私を、「風評被害」を福島に与えたといって非難して何になるのですか。

今の福島の被害は、誰によって作られ、誰によって被害を訴えることを妨害されているのですか。


結論です。

「風評被害」

などという人こそ、真の意味の
「風評被害」

を作り出している人です。

事実を表沙汰にする人を攻撃し、現在人々が苦しんでいることを何でもないことのようにいい、すべてをおし隠す人たちが作ったのが「風評被害」という言葉です。

この、「風評被害」という言葉によって、どれだけの人が真実をいう口を塞がれたでしょうか。

繰り返しますが、私が伝えたのは真実です。

「風評」ではありません。

真実です。

その真実を「風評」という。そしてその真実が、被害を与えるから「風評被害」という。

誰が「真実」によって被害を受けるのですか。

真実によって被害を受けるのは福島の住民ではなく、東電と国です。

そんな状況はおかしいと思いませんか。


私は「『風評被害』という言葉の害」を真剣に考えなければならない、と思います。

本当の「風評被害の害」です。

第4章　福島を歩く

視察した大臣が「死の町」と形容した、南相馬市・小高区の様子。しかし、これを「死の町」と言わずして何と呼べるのか

1　福島への思い

今回の鼻血問題で、私が一番悲しく辛かったのは、福島の人たちに「福島に風評被害を与えた」と非難されたことでした。

私は、大好きな福島の人たちのことを考えて、いや、福島の人たちのことしか考えずに『美味しんぼ　福島の真実編』を二年以上もかけて取材して書いた。それなのに激しい反発を食らって、今私はこれまでの人生で味わったことのない、辛い悲しい思いに沈んでいます。

人生で味わった最高の桃

まず、私が一方的に抱いている福島に対する思いについて書いてみます。

私は一九六三年大学受験の年の夏と、翌大学一年の夏、の二夏を霊山町《りょうぜん》にある霊山神社でお世話になりました。

私の姉の友人が当時の霊山神社の宮司さん、阿曾次郎太さんの知り合いであり、姉たちもその前の年の夏に数日霊山神社に泊めていただき、その時宮司さん御夫妻だけでなく、周囲の人たちにも大変親切にしていただき、素晴らしい体験をしたと聞かされました。

その姉の体験を聞いて、私もぜひ霊山神社に行ってみたいと思いました。

最初の年は大学受験の年で、東京の暑い夏を避けて、涼しく、しかも周囲に気を散らすものが何もない清浄な霊山神社の霊域で勉強すればはかどるだろうと願ってのことでした。

当時、霊山神社の周りには桃畑があり、私はある朝、氏子さんの一人が持ってこられた桃をいただきましたが、その桃が、今に至るまで私が人生で味わった最高の桃なのです（その件は『美味しんぼ　福島の真実編2』の中で、漫画の主人公山岡士郎の父親とその母親を結びつけるものとして描きました）。

今回霊山の周辺を取材したときに、町役場の人たちも、昔霊山神社の周辺に桃畑があったということを信じませんでした。逆に私には信じられないことですが、現在の霊山神社の周辺に桃畑はありません。

ようやく、当時のことを知っている人に出会って、私の話が嘘ではないことがわかってほっとしました。

私が霊山神社に滞在したのは、一九六三年と六四年のことで、今からすれば五十年も前のことですから、周辺の事情がすっかり変わってしまうのも無理はありません。

私がこんな美しいものがあるのかと思った桃畑は、その後桑畑に変わり、その桑も中国の絹織物に負けてしまい、今ではせいぜい柿の畑をわずかに見ることができるだけになっています。

漫画にも書きましたが、ある夏の朝、氏子の方が持って来て下さったその桃はいわゆる天津桃という種類だそうで、尻がとがって、形は細い。他の桃に比べると採れる時期が桃の需要の最盛期に合わないなどという事情もあって、その頃盛んになった絹織物の繭《まゆ》作りのために、桃畑を桑畑に変えてしまったのだそうです。

今回取材で訪れたとき、当時の天津桃についてよく知っていた方から、「あの天津桃は木で熟したときに一番甘くて美味しい桃だったんだ」と伺って納得しました。

あの朝、氏子さんが持って来て下さった天津桃は、木で完熟した最高の天津桃だったのでしょう。

私は食い意地が張っているせいか、他のことについては記憶力がひどく悪いのに、食べ物については三歳前のことまで憶えています。

このときの天津桃の味と香りを超える果物は、その後六十年以上経つのに、まだ出会っていません。

生涯最高の桃であり、果物でした。

霊山というと、あの早朝いただいた、みずみずしく美しい桃の姿と重なってしまい、どこからかあの時の香りが漂ってくるような気がするのです。

その桃畑がなくなってしまったとは、悲しいことです。

漫画では、その霊山神社の周りの桃畑を、漫画の主人公山岡士郎の父親、海原雄山がその妻、山岡士郎の母親と出会う場面に使いました。

『美味しんぼ』という漫画は、ロマンチックな場面は皆無といっていいほどないのですが、この場面だけは、『美味しんぼ』三十年の連載の中でも一番大事な場面なので、私は思いを込めて原作を書き、作画の花咲アキラさんも見事に私の思いを汲みとって『美味しんぼ』の中で一番美しい場面を描いてくれました。

『美味しんぼ　福島の真実編2』の第12話に、その場面は出てきます。

『美味しんぼ』で、主人公山岡とその父

『美味しんぼ』第111巻「福島の真実2」より

親海原雄山とが、その霊山の桃によって真に和解するという大事な場面を、私は霊山に対する思いと、霊山神社でいただいた桃の素晴らしい思い出をこめて、書いたのです。

あまりに個人的な事柄を『美味しんぼ』の材料として書くのはためらわれたのですが、その場面を書くことで、私の福島に対する思いを尽くすことができたと思っています。

本の宣伝ではありませんが、福島の皆さんには、私の福島に対する思いを理解していただくために、どうか『美味しんぼ　福島の真実編2』（単行本第一一一巻）をどこかで読んでいただきたいと心から願っています。

私が体験した、かけがえのない思い出とは

当時、霊山神社に行くのに、私は福島の駅から軽便鉄道に乗って掛田まで行き、掛田からバスに乗って霊山神社の山の麓《ふもと》の雑貨屋の店先のバス停でおりました。

バス停のすぐ前に霊山神社への登り口があります。

その登り口に私は立ち、一月分の着るものや、身の回り品、勉強道具、本などの詰まったスーツケースを足元に置いて、神社へ上る道を途方に暮れて見上げました。

現在は、霊山神社に上がる道は自動車でも楽に登れるように道幅も広げられきれいに舗装されていますが、当時は舗装もされていない幅の狭い砂利道で、勾配ももっと急でした。舗装す

るときに、道をいろいろと整備したのでしょう。

私は六歳の時に股関節結核を患い、そのために右脚の発育が止まってしまい、左脚より一八センチ短いのです。その高さを補うために、かかとを高くして、ぽっくり下駄とハイヒールを合わせたような特別に作った奇怪な形の靴を履いています。

通常の生活でゆっくり歩く分には問題ありませんが、走ることはできないし、山道を登るのは手ぶらでならともかく重い荷物を持っては、とても困難です。

私は山道を見上げて、「二、三メートルずつ、スーツケースを持ち上げて上がっていくしかないな」と考えました。

すると、その時、バス停の背後の雑貨屋から若い人が出てきて、停めてあったバイクを引っ張って私の横に来て、

「荷物を運ぶよ」

というのです。

私は驚いて、上手く言葉も出ないうちに、その人はさっさと私のスーツケースをバイクの後ろに乗せて、しかもスーツケースを後ろ手で押さえて片手でバイクを運転して、勢いよく神社への登り口を駆け上っていってしまいました。

全く、あれよあれよという間の出来事でした。

私は慌てて、神社への道を上りはじめました。

しかし、とにかく急な山道です。しかも、真夏のことで、いかに霊山とはいえ暑かった。汗を拭き拭き喘《あえ》ぎながら上っていったら、道の五分の一も行かないうちにそのバイクの人が戻ってきたのです。

スーツケースをバイクに乗せて走っていったのも唐突だったし、戻ってくるのも私の想像もできないほど早かった。

全く、驚きの連続で、しかも、私がお礼をいおうと思ったら、その人は手を一度振っただけで、私には見向きもせずにそのまま神社の下にさっさと走って行ってしまいました。

なんということだろう、と私は思いました。

五十年経った今も、その時の情景が鮮明に私の脳裏に焼き付いています。

あれは、親切などというものではありません。

私の脚が不自由だと見た瞬間に、あの人は体が動いてしまったのだと思います。

私を助けようなどという気持ちはない。私のような人間に対して、自分が何かするのが当然ということが体にすり込まれている。そのように育ってきた人なのだ。

体の不自由な人間を助けるのは、美談として語られるのがこの世の中です。

しかし、あの人は自分が何か良いことをしているという意識がなかった。体の不自由な人がいたら、その人の力になるという、何か体にたたき込まれたものがあって、だから私を見たらすぐに雑貨屋から飛び出してきてしまう。

私がお礼をいおうと思っても、手を振るだけでさっさと戻って行ってしまう。あの人は特別に親切なことをしているという気持ちがなかったのです。

あるいは、お礼なんかいわれたら困る、という気持ちだったのかもしれません。

あの人にとっては私を助けることは全く自然な行為だったのです。

それが、福島、霊山の人たちの心の中身だったのだ、と五十年以上経った今も、思い出しては、とても暖かい気持ちになります。

胸にしみこむような福島弁の美しさ

霊山神社に滞在中、掛田の町に出かけたことがあります。

本だったか雑誌だったか、とにかく本屋に行く必要があって、神社の山を下って、雑貨屋の前のバス停から、掛田の町に行きました。

掛田には、田舎の町にしてはそこそこの規模の本屋がありました。

小さいとはいえ、本屋には書棚が四列か五列はありました。

私は自分の欲しい本を探すために、本屋の中を歩いているうちに、福島に来たときから気になっていたことが何だったのか知ることができました。

私は福島に来てからずっと、何か変な感じを抱いていました。

東京と福島では周囲の環境も違うので、何かこれまでとは違うことを感じるのは当然です。

周囲の自然環境も、住居環境も、食べるものも、それまでの日常とは大きく違う。

しかし、そのようなこととは別の、何か違う不思議なものを感じていました。

例えば、小さな船に乗って海の沖合に出ると、船は波に揺られて自分では予想もつかない不思議な揺れ方をします。

その揺れがひどいと船酔いをする。

その、船酔いに似た感じ。

しかし、船酔いのように気持ちが悪くなるのとは違って、逆になんだか気持ちがよくなる、不思議な感じです。

なんだろうな、このおかしな感じは、と福島に着いたときから感じ続けていたのです。


私が本を探して書棚の間を歩いているときに、前方に二人の二十代前半の女性二人がいました。私はその二人の背後を通り過ぎる時に、胸を突かれるような衝撃を受けました。

それは、福島に来たときから感じていて気になっていたものが何だったのか、はっきりわかったからです。

それは、言葉でした。

通り過ぎるときに耳にとまった会話から、二人は久しぶりに会った友人同士であって、自分たちの近況をお互いに話し合っているのだということがわかりました。

真夏だったので、二人とも袖なしのブラウスを着ていました。その腕の肌は真っ白で、きめが細かい。顔立ちも、典型的な日本女性の好ましさ。

五十年経った今も目に残る、美しい女性たちでした。しかし、私が衝撃を受けたのは、その女性たちの見た目の美しさではありません。

二人で話している、その言葉です。

私は八歳の時から二十年間東京に住んだので、自分は東京文化圏の人間だと思っています。東京の言葉は、せんべいみたいなものです。ぱりぱりと気持ちよく割れるが、しっとり、もっちりした情感がない。音楽でいうならば、リズムは良いがメロディが一本槍で単調だ。

ところが、その時、その二人の女性の会話を聞いていて、その音楽性に衝撃を受けたのです。

まず、発声が違う。関東の人間のような乾いた声ではない。せんべいがぱりぱり割れるような音ではない。柔らかいし、伸びがある。

その時の二人の声は、メゾソプラノです。

音程が心地よい高さで、声の質がなめらかで、ふくらみがあって、全く見知らぬ人間なのにその声が胸にしみこむ、という感じ。音程の幅が広いし、テンポがこれまた心地よい。

そして、何より私の心を捉えたのが、その言葉の持つ旋律・メロディです。

私は東北の民謡が好きなのですが、その女性たちの話し方の旋律は民謡のようなはっきりしたものではなく、その抑揚、リズム、テンポがすべてなめらかで、気持ちよく心を揺するのです。

私は二人の会話のそれぞれメゾソプラノの掛け合いのような美しさにひかれて、二人の後ろに立って、二人の会話に聞き惚れていました。まるで、今問題になっているストーカーみたいですが、そのような不純な気持ちはありませんでした。

単に、二人の言葉の美しさに魅せられたのです。

五十年以上経った今でも忘れられないのですが、二人の言葉は美しかった。それが、いわゆる「福島弁」なのでしょう。

その二人の女性の「福島弁」が私の福島に対する思いを固いものにした、と今になって思います。

「日本全県味巡り」についての後悔

私は、十年以上前から『美味しんぼ』で、「日本全県味巡り」という続き物を始めています。

一九八〇年代になって、日本が豊かになると共に、いわゆる「グルメ・ブーム」などというものが起こり、やれフランス料理だ、イタリア料理だ、地中海料理だ、エスニック料理だなどと、やたらと外国料理がもてはやされるようになりました。

私はその風潮に非常なる反発を感じました。日本には、そのような外国料理に優るとも劣らない素晴らしい料理が各地にあるのに、どうしてそのような日本の風土に生まれ風土にはぐくまれた料理を知ろうともせずに、それこそ「外国の郷土料理」にうつつを抜かすのか。

そこで、私は『美味しんぼ』で日本の各地の地方料理を訪ねる企画を始めました。

最初は、このような風潮では、日本の地方の料理など受け入れられないだろうと思っていたのですが、私の予想をはるかに超えて、読者に地方の料理が受け入れられました。

そして「日本全県味巡り」は『美味しんぼ』の大事な一つの主題となりました。

読者は、どんどんいろいろな県に行ってくれと、注文を付けてきますが、この「日本全県味巡り」の取材旅行は大変に辛いもので、簡単にできるものではありません。

当時『美味しんぼ』の単行本は一年に四冊出すことができました。

恐ろしいことに、出版社の販売の方から、単行本の一冊おきに「日本全県味巡り」を出してほしいなどという希望が私に届きました。

冗談じゃない、『美味しんぼ』には他にも書きたいことがある。

しかも、年に二冊出すための「日本全県味巡り」の取材をするのは物理的、肉体的に無理があります。「日本全県味巡り」の取材は準備期間も入れて、四か月近くかかります。本取材の前に、下取材を念入りに行います。いきなり現地に行って、望みどおりの取材などできるわけがないからです。

そういう理由で、二年に三回程度の割合で「日本全県味巡り」を書いてきましたが、最初に訪れたかった福島を「日本全県味巡り」で取り上げるのを、私は先延ばしにしてきました。

ご馳走が並んだ場合に、美味しいものから先に食べる人間と、美味しいものは最後に残しておく人間と二通りあります。

私は、美味しいものは最後に取っておく方の人間です。

私の大事な福島は、「日本全県味巡り」の機がもっと熟してから行おうと考えていたのです。「日本全県味巡り」も読者の間に浸透したようだし、そろそろ福島の取材に入ろうかな、と思ったときにあの大震災です。

津波だけならまだしも、原発事故が重なって、土壌が汚染され、福島の郷土料理を食べることができるのは、非常に限られた場所だけになってしまい、「日本全県味巡り」の「福島編」を書くことは事実上不可能になりました。

この無念さは、例えようがありません。

あの元気潑剌だった料理人が

震災と原発事故のあと、私はすぐに福島の取材に入るのを控えました。原発事故直後の福島に行っても、あの大混乱の状況では、事態の本質が見えないだろうと思ったからです。で、私は青森、岩手、宮城の、かつて私が訪ねた場所を再訪することから始めました（それは、『美味しんぼ』第一〇八巻の「被災地編・めげない人々」に書いてあります）。

青森、岩手、宮城の、かつて私が訪ねて楽しい時間を共に過ごした人々が、地震と津波によって、それまでの楽しい豊かな生活を失っていました。

日本一の焼魚の店「福よし」のご主人村上さんは、「毎日お客さんがたくさんいらして、お客さんから仲の良い友達に

『美味しんぼ』第108巻「被災地編・めげない人々」より

なった人もたくさんいて、毎日毎日が楽しかった。この楽しい日がいつまでも続くものだと思っていたよ。それが、こんなことになろうとはなあ」

いつもは陽気で元気溌剌《はつらつ》としている村上さんが、力なくそういうのを聞くと、痛ましくて耐え難い思いをしました。

青森、岩手、宮城、どこへ行っても、目の前の光景が信じられない、こんなことが起こるなどということがあり得るのか、目が覚めることのない悪夢の中にいる感じでした。

地震から二か月経った時点でしたが、すでにこの途方もない破壊の中で復興のために働きはじめた人々に何人も会いました。

よくゼロからの出発などといいますが、今回の大震災のあとは、ヘドロやガレキの片付けから始めなければならないので、マイナスからの出発です。

それでも復興するんだという意気込みで働いている人の勇気には、頭が下がるとしか、いいようがありませんでした。

そのように復興に努力している人たちがみんな、いった言葉があります。

それは、

「おれたち、一生懸命復興しようと努力しているんだよ。だけどなあ……」

と福島の方に目をやって、

「福島原発があれじゃなあ。復興しようにも、力が抜けてしまうんだよ」

福島第一原発がこのまま収まるとは思えない。

何か起こったら、どうしようもないことが起こるんじゃないか。

被災地で復興に努力している人たちの多くから聞いた言葉です。

私は福島に早く行かなければならないと思いました。

風評被害と戦ってきたのは、私だ

私は、新聞、テレビ、雑誌、インターネットで、福島に「風評」で被害を与えたと非難されました。

しかし、私が一番最初にしたことは、その風評被害で苦しんでいる福島県人に力を貸したことでした。

これは『美味しんぼ　福島の真実編1』（単行本第一一〇巻）の最初の部分に書かれています。『美味しんぼ　福島の真実編1』は会津でアイガモを使った有機栽培で米を作っている須藤さんの「アイガモ栽培米」が、「理研分析センター」の測定器（測定下限値は、セシウム134がキログラム当たり1・0ベクレル、セシウム137が1・4ベクレル）で測っても検出せずという結果（セシウム１３４はキログラム当たり１・０ベクレル以下、セシウム１３７は１・４ベクレル以下ということ）で、これなら安全と思えるのに、この検査結果を付けても「福島の米」ということだけで売れない。それで須藤さんが困っている、という話を主人公の山岡が聞いて、「それこそ風評被害だから、何とかしなくてはならない」と乗り出すところから始まっています。

『美味しんぼ』第110巻「福島の真実1」より

アイガモ農法とは、苗を植えた田んぼにアイガモをはなすと、稲の苗は食べずに、雑草だけを食べてくれる。結果として除草剤などの農薬を使わずに、米を栽培できる。大変環境にも優しいし、米自体も安全で美味しい、素晴らしい有機栽培農法です。

測定下限値が、セシウム１３７がキログラム当たり１・４ベクレル。それで検出せずということなら、ゼロに近いわけだから、これは安全と考えて間違いないでしょう。

これを福島産というだけで拒否するのは間違っている。福島産のものがすべて危ないというのは間違っている。科学的に安全とはっきりしているものは、福島産であろうと何県産であろうと安全だ。

そして須藤さんの「アイガモ栽培米」は安全だから食べよう、と私は自分のブログにも書きましたが、私のブログは人気がないので、宣伝効果がない。

そこで、有機農産物販売の先駆者である有名な会社に「アイガモ栽培米」を取り扱って売ってくれるよう、頼みに行きました。

また、人気漫画家の西原理恵子さんにご自身のブログに書いてもらうよう頼みました。

有機農産物販売会社の場合、会社の社長が会ってくれて、「まさか、雁屋さん本人が売り込みに来るなんて」と驚いていましたが、その会社は既に福島の米農家と契約を結んでいること、その福島の米農家も福島産というだけで売れなくて困っていること、そこに契約農家ではない須藤さんの米を持ち込んで売ることは、契約農家たちの手前できないのです、と断られました。

その会社も福島産の農産物が売れずに困っていました。

その状況で、須藤さんの「アイガモ栽培米」を持ち込んで売るというのは、無理があります。

その会社の協力を得ることはあきらめました。

西原理恵子さんの場合はブログの読者数が桁違《けたちが》いに多いので、反響が大きく、想像以上に売れました。

後に、須藤夫人にお会いしたら、須藤夫人は眼を潤《うる》ませて「西原さんのおかげで、本当に息をつきました」とおっしゃいました。

西原さんに電話で報告したところ、「私にできることなら何でもしますよ」と威勢よくいってくれました。

西原理恵子さんの人気は凄い。本当にありがたかった。

2　これが福島の現実だ

出だしがそんなことだったので、私は自分の愛する福島が原発事故にめげず復興していっている様子を描こうと意気込んで、福島取材を始めたのです。

しかし、実際に福島に入ってみると、その放射線の被害は厳しいものでした。新聞、テレビ、雑誌で読んだり見たりするのと、現地で目の前で体験するのとでは大違いです。

取材を重ねれば重ねるほど、被害の大きさ深さが身にしみてわかってきました。

捕った魚を出荷できない「宝の海」

最初に行ったのが、相馬市松川浦でした。

松川浦は津波で漁港の建物は骨組みだけ残っているものの、周囲の漁協から仕入れた魚介類を加工していた工場すべてが跡形もなく消え去っている、という惨状でした。

しかし、建物や工場は何とかなる。

何とかならないのが、目の前の海でした。

福島で一番価値があったのは、福島から離れた場所ではなく、すぐ目の前で捕れる魚介類でした。

それを「前浜」とみんなは呼んでおり、福島の前浜で捕れた魚介類は、築地の魚市場でも、特別の売り場が設けられていたそうです。

福島の海域は、北からは日本海流という寒流、南からは黒潮という暖流がぶつかるところで、世界でも有数の漁場です。

ところが、原発が流した汚染水によって魚介類が汚染されてしまった。

放射能汚染された魚介類は捕ることも、売ることも、できません。

これが、原発周辺だけでなく、福島県沿岸はすべてそうなっている。

相馬市の漁協「相馬双葉漁協」（相馬と双葉町の漁協が合併して相馬双葉漁協となったのです）では、原発事故以前は、毎日二度入荷があったそうです。

一度の入荷では、漁協の床が足りず魚がはみだす。それで一日に二回です。

それも、ヒラメ、アカムツ、キンメなどの価値のある魚が多かったそうです。

それで、漁協の建物を増築したとたんに、あの大地震でした。

大地震による津波で施設が破壊されただけならまだしも、肝腎の前浜が放射能汚染で漁業ができなくなった。

施設の破壊は努力すれば回復することができる。しかし、海の汚染は現在の科学では回復することが難しい。

現実に、二〇一四年現在、福島の前浜で捕ることができるのは、タコ、ツブ貝などしかなく、あの相馬双葉漁協の繁栄は色あせた昔の夢となってしまっています。

二〇一二年の十一月に訪ねたとき、船だけは津波による賠償で新しくそろいましたが、することといったら、津波によるガレキが海に沈んでいるのを引き上げる、という漁業とは全然関係のない作業しかなく、漁師の皆さんは実に鬱屈《うっくつ》していました。

その時、集まってくれた船頭会の皆さんに、「大漁唄い込み」という威勢のいい歌を歌っていただきました。

これは、事故以前に相馬双葉漁協の皆さんがしょっちゅう歌っていた歌です。福島の前浜は宝の海だから、いつも大漁で、毎日「大漁唄い込み」の日々だったのです。

『美味しんぼ』第111巻「福島の真実2」より

このときのことは、『美味しんぼ　福島の真実編2』の第20話に書きました。

漁もできないのに、私のお願いに答えて「大漁唄い込み」を歌って下さった船頭会の皆さんのあの時の表情を今思い出しても、胸に迫るものがあります。私は、なんという残酷なお願いをしてしまったのでしょうか。

二〇一四年現在も、相馬双葉漁協の船頭会が「大漁唄い込み」を歌ったという知らせはまだ聞いていていません。

二〇一四年の九月だったたか、漁協が試しに網を入れてみたそうです。

すると、例年の三倍以上の魚が捕れたということです。

福島の前浜は以前にもまして宝の海なのです。

しかし、捕れた魚は放射能に汚染されていて、市場には出せません。

こんな無惨なことがあるでしょうか。

まるまると肥えて、姿形もよく、食べたら最高の味だとわかっているのに市場に出せない。

キログラム30ベクレルまで放射能が下がってきた魚もあるが、市場では10ベクレルでも買ってくれないそうです。

私はそのニュースを読んで、船頭会の皆さんがどんな思いをしたか、その無念さを察して、

本当に口惜しい思いをしました。

世界に嘘をついた安倍首相

二〇一三年、ＩＯＣ（国際オリンピック協会）の総会で、安倍晋三総理大臣が、オリンピックを東京に招致するための演説の中で、「福島原発の汚染水は、〇・三平方キロメートルの範囲内で完全にブロックしている」といいました。

　その言葉を聞いて、一番驚き、同時に空しい感じを抱いたのは、福島の漁業関係者たちだったでしょう。

　福島原発は、原発自身を外洋からブロックできる構造に最初から作られていません。下の構造図を見て下さい。

　どうすれば、外洋からブロックできるというのですか。

　ブロックしてしまったら、必要な資材を海から原発に運び込むという大事な作業が

画像©2014 Cnes/Spot Image, DigitalGlobe,
地図データ©2014 Google, ZENRIN

できなくなってしまうではありませんか。

安倍首相の演説のあとでも、福島第一原発は何度も事故を起こし、そのたびに汚染水が海洋に漏れ出しています。

安倍首相は全世界に向かって、福島の現実とはかけ離れたことを公言したのです。

しかし、誰もその責任を追及しません。マスコミもその件についてなにも批判しない。

なぜなのでしょう。


相馬は福島県の北端です。

では、福島県の南端のいわきの海はどうだったでしょうか。

まず、有名な小名浜《おなはま》漁港に行ってみました。

もちろん地震の被害は見えますが、それほど甚大な被害を受けたとも思えません。それなのに人の姿はほとんど見えません。

漁協の建物の一階に事務所がありました。

そこで漁協の方からお話を伺って納得しました。

二〇一一年十一月当時、小名浜から漁に出ることは禁止されていて、それでは漁港として機能しません。魚を捕ってくることができなければ、市も開けない。

岸壁に一艘《いっそう》の漁船が止まって、何か忙しげに作業をしていました。漁船の傍らに船主が立っていました。

話を聞くと「出漁禁止だが、整備をしないと船が駄目になるし、船員たちだってこうして仕事がなかったら困るからね」。

しばらく港を見て回って、その船のところに戻って来たら、船主が不機嫌な顔で、「あれから二回も、海上保安庁の人間が回ってきて、出漁するんじゃないだろうな、としつこく念を押すんだよ。もう、いやになっちゃったよ」

といいました。

あの小名浜港が機能を停止していたのです。

海に入ることさえ禁じられた砂浜

いわき市の塩屋崎は上に建つ灯台も美しいし、その下に広がる砂浜も日本の砂浜にしては、さらさらと足に心地よい素晴らしさ。

夏には海水浴客で賑《にぎ》わったということで、海水浴客を見張る塔が幾つも立っています。アメリカやオーストラリアの浜辺のように、海水浴客の安全を見張る用意が整っている。本当に美しい浜辺です。

そのあたりは「薄磯《うすいそ》」とよばれています。

その浜辺で、「薄磯採鮑組合」の、組合長鈴木孝史さんと副組合長の阿部達之さんにお話を伺いました（この辺のことは『美味しんぼ　福島の真実編1』に掲載されています）。

鈴木さんは実は、福島のサーファーとしての開拓者であり、ご自身もサーフィン道具の店を持っておられる、サーファー仲間では有名な方です。

その鈴木さんと阿部さんのお話はえらく豪儀な物でした。

その組合の名前の通り、お二人はアワビ漁をしておられるのですが、なんといっても利益が上がったのが「ウニの貝焼き」だったそうです。

ホッキ貝の殻《から》にとれたばかりのウニを盛ってそれを焼く。

それを、市場に持って行くと、一個二〇〇〇円で売れたそうです。

市場価格で二〇〇〇円ということは、消費者はそれより高い値段を貝焼きに支払っていたということです。それだけ、ウニの貝焼きは価値があった。

アワビの方は、干しアワビを作る人に売るのですが、一番高いのは一個九〇〇〇円で売れたそうです。二〇〇〇円だの九〇〇〇円だの、聞くだけで凄い話です。

で、いったい、そのアワビやウニはどこでとったんですかとお尋ねすると、すぐ目の前の磯をあごで示して、

「あの磯です」

という。

私は横須賀の秋谷という海辺の町に住んでいるので、「磯」という言葉の意味の重さを知っています。目の前の陸続きの磯もあるし、浜から離れたところにある岩礁も磯といいます。磯は、私の住む秋谷でも、海の幸の宝庫という意識が強い。海草も育つし、その周辺に魚もたくさんいる。海辺近くの人間にとって、「磯」という言葉は特別の響きを持つのです。

鈴木さんと阿部さんがあごで示した磯は、浜辺から、三〇〇メートルくらいしか離れていない。そんな間近なところにある磯で、毎年大量のアワビとウニがとれたのだそうです。まるで、目の前に宝の山があるようなものです。

しかし、原発事故以来、アワビやウニをとることはおろか、海に入ること自体禁止されてしまったといいます。

私が訪ねたときは十一月で季節はずれでしたが、毎年海水浴客で賑わった浜辺も、原発事故以来、海に入ること自体禁止されていては海水浴客も来るわけがない。鈴木さんが大好きなサーフィンも海に入ることを禁止されているから、サーファーも来ない。

鈴木さんのサーフィン用品の店も大打撃です。

それ以前に、目の前の磯に宝物があるのに、そこに入っていけない。

お二人にとっては、生計を立てる重要な道を絶たれてしまったのです。お二人は、激することもなく、嘆きの言葉を発するわけでもなく、淡々と自分たちの現況を話して下さった。そのお二人の淡々とした様子がかえって私の心を締めつけました。

その時お二人にお話を聞いていた場所の線量は、０・６マイクロシーベルト。灯台下は0・75マイクロシーベルト。灯台下の吹きだまりでは、１・65マイクロシーベルト（以下すべて、線量は一時間当たりで表示します）。少し上がった展望台では、０・３から０・４マイクロシーベルトまで風の向きと強さで変わりました。

（ＩＲＣＰの基準値、年に１ミリシーベルトは毎時０・１１４マイクロシーベルトになります。）

あとで聞いた話ですが、民間団体が海の汚染状況を調べるために船を出して海水を採取していたら、海上保安庁の船がやってきて、海水を採取して放射線量を調べることは禁止されているといって、海水の放射線量を測定するのを許可しなかったということです。

国としては、公式な放射線量は国が管理するべきもので、個々人が勝手に線量を測定してそれを発表されたら、混乱が生ずるというのですが、国のその態度が国民に不安を抱かせ、混乱を生じさせているのではないでしょうか。国の発表は信用できない、と考えている国民の数は国が考えている以上に多いのではないでしょうか。

福島の海をけがし続ける大量の汚染水

二〇一四年現在、事故から三年以上経っても漁業は動き出せないままです。

福島第一原発が今の状態で、あのように汚染水を流し続けているのでは、漁業の回復は何年先になることかわかりません。福島第一原発を完全に廃炉にするまで、汚染水が海上に廃棄される状況が終わるとは考えられないのです。

二〇〇八年度「漁業センサス」によると、福島県の漁業就業者は、一七四三人（内女性は一一一人）。大雑把にいって、

四五歳〜四九歳　約一〇パーセント
五〇歳〜五四歳　約一三パーセント
五五歳〜五九歳　約一七・五パーセント
六〇歳〜六四歳　約一三パーセント
六五歳〜六九歳　約八パーセント

という構成になっています。

常識的に一つの原子炉を廃炉にするのには三十年から四十年かかります。その間に汚染水漏れなどの事故が全く発生しないということはあり得ないのではないでしょうか。安倍首相が

ＩＯＣの総会で、「福島原発の汚染水は〇・三平方キロメートルの範囲内で完全にブロックしている」といったあと、何度汚染水が漏れだしたことか。

今まで使っていた応急の汚染水タンクは鋼板をネジで締めて作ったもので、作った会社の社長が「二、三年しか持たない間に合わせのものだ」といっていましたが、さすがに二〇一四年からは溶接して作ったタンクを、海上から第一原発の港に運び込んで、それに今のタンクから汚染水をうつすそうです。作業員の話を聞くと、とりわけ問題なのは、一号機から三号機までメルトスルーした原子燃料がどこにあるかもわからない現状で、それを冷却し続けるために水をかけ続けなければならないことだそうです。

さらに、二〇一四年八月二十五日に大変な事実が明らかになりました。

東京電力は、現在も毎日80億ベクレルの放射性物質が福島原発から海に流れていることを発表したのです。東京電力によると、福島第一原発から放出されている放射性物質はストロンチウム90が50億ベクレル、セシウム１３７が20億ベクレル、トリチウムが10億ベクレルというすさまじいもので、これが、二〇一四年八月現在も、そして今も、毎日海中に放出されているのです。

二〇一四年九月七日には、もっと途方もない事実が明らかになりました。二〇一四年五月までの十か月間に、福島第一原発の港湾内に出たストロンチウム90とセシウム１３７が計約２兆ベクレルに上がる可能性が高いことが、東電の資料などでわかったというのです。何か東電は人ごとみたいに報告書を出しますが、それでは二〇一四年五月以前は、どうなのですか。そしてそのあと、現在はどうなのですか。

それについて何も言及しないのは、二〇一四年五月の十か月前に突然漏れはじめたのではなく、計算してみたら、この十か月で２兆ベクレルになったということでしょう。そして、それに対する対策も何も発表されていないのだから、現在も、毎月２０００億ベクレルの汚染水が港湾に流されているのでしょう。港湾は、船が出入りできなければならないという構造上、常に外洋に向かって開いています。この毎月２０００億ベクレルのストロンチウム90とセシウム１３７は外洋に流れ出ていくしかありません。

ともかく毎日80億ベクレル、毎月２０００億ベクレルの汚染水が福島の海に流れ出しているのです。福島第一原発の汚染水処理は、もはや手を付けられない段階にまで来てしまっているということでしょう。

（日本の食物の安全基準は、セシウム１３７だけで決められています。ここにストロンチウムも入れるべきでしょう。ここまで大量にストロンチウムを放出しているのに、魚一キログラム１００ベクレルのセシウム１３７だけでは、意味がありません。ストロンチウムも加えるのが当然でしょう。こんなごまかしを続けて一体何になるというのですか。）

こういう状況では、福島の前浜の海が汚染から解放され、漁業を復活できるのはいつのことになるのか見当もつきません。

福島の漁業就業者の中で一番多いのは、五〇歳〜五四歳、五五歳〜五九歳、六〇歳〜六四歳までの方たちです。五年後、十年後、十五年後に漁業ができるようになったとして、そのとき何人の方が漁業に戻れるでしょうか。

早く漁業を再開したい漁業関係者の方たちの気持ちはよくわかるのですが、こういう状況を知ってしまうと、「もうじきだ、もうじきだ、がまん、がまん」とはいえなくなってしまうのです。

漁業再開を待って働き盛りの人たちが、貴重な人生の時間を無にしてしまっているのです。それにしても、安倍首相はＩＯＣの総会で、世界を前にしてなんという大嘘をついたのか。

有機農法が抱えるジレンマ

福島といえば米どころです。その福島産の米が、原発事故の影響で売れなくなったことは、「アイガモ栽培米」のところで書きました。

群馬大学の早川由起夫先生が作られた「放射能汚染地図」を見ると、福島県内でも会津の方は汚染の度合いが低い。

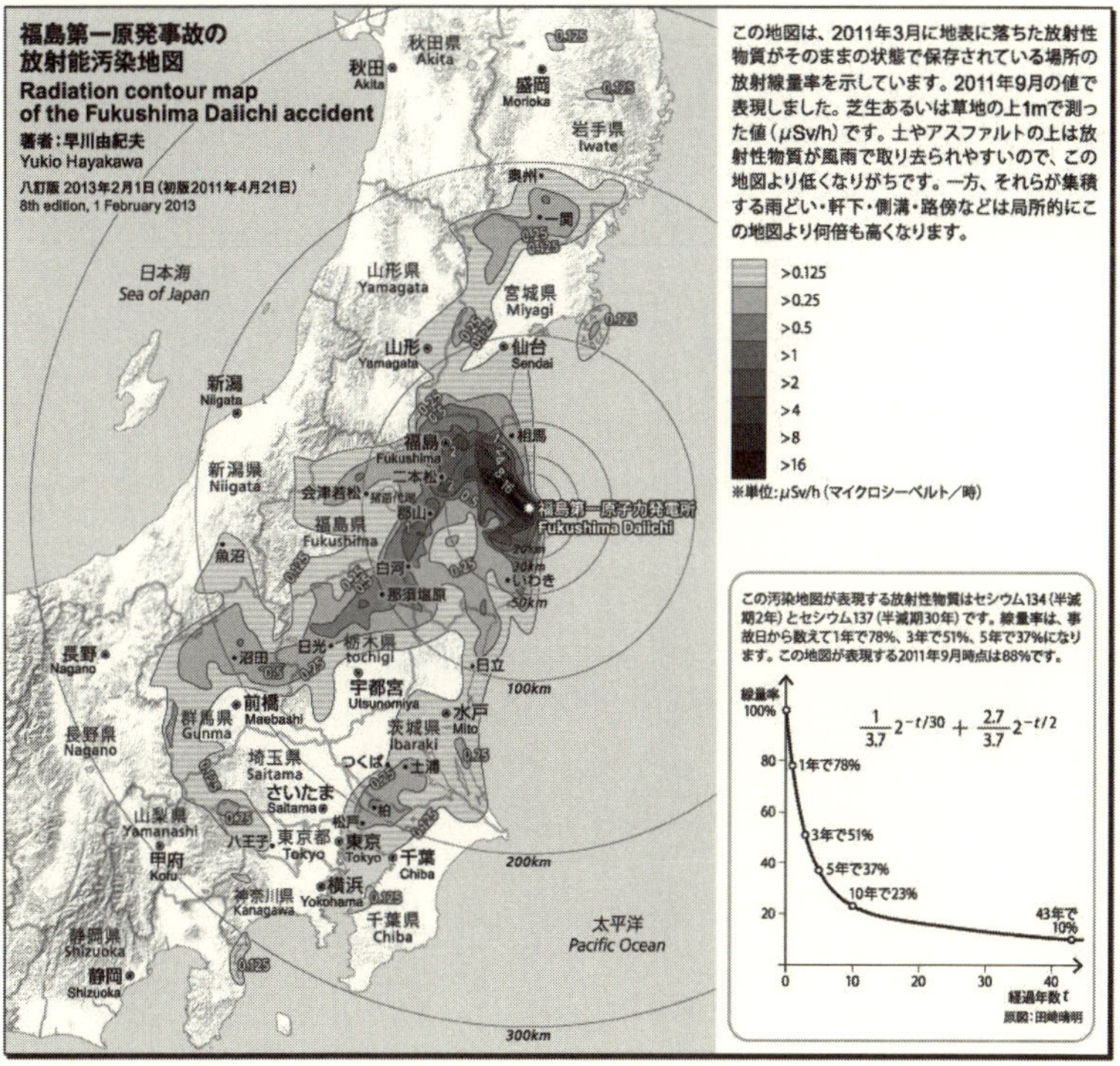

「早川由起夫の火山ブログ」より（http://kipuka.blog70.fc2.com/blog-entry-570.html）

それが、会津の須藤さんが、汚染がほとんどゼロの「アイガモ栽培米」を作ることができた理由の一つです。

私は、会津では須藤さんの他に、福島県有機農業ネットワークの渡辺よしのさんとそのお二人の友人にお会いしました（福島では有機農法が盛んで、会津以外の場所でも有機農法を続けてきた方たちにお会いしています）。

渡辺さんのお話を要約すると、

一、売り上げは減少している。福島県は北海道をのぞくと岩手県の次に大きな面積を持っていて、浜通り、中通り、会津と三つの地方があるが、会津だけで香川県ほどの大きさがある。会津の汚染度は低いのだが、福島県というだけでこれまで取引のあったところからも生産物を断られる。

一、資材を地域循環させたい有機農法の場合、堆肥《たいひ》として落ち葉や草、米ぬか、もみ殻という有機資材を土壌に持ち込むが、そこに放射性物質が含まれているため、今の状況では限界がある。そういう部分が難しい。

一、今まで有機農法でやってきた人の中にも、せっかく有機で作っても安い値段で買い叩かれるなら農薬を使った栽培でやっていくしかない、という人が出てきた。

一、場合によっては収穫物が危険なものになってしまう。それを食べていただくというのは、加害者になることでもあるので、仲間同士で、作付けをやってもいいのだろうかと話し合っている。

福島県の中では線量が低い会津でさえ、このような苦しみがあるのです。

原発に反対したら、危険人物

汚染度の高い地域に行くと、もっと厳しいことになりました。

二〇一一年の十一月には立ち入り禁止だった南相馬市の小高区が、警戒区域解除後に避難指示解除準備区域に再編されて立ち入り可能となったので、二〇一二年五月十日に、福島県有機農業ネットワークの前代表だった根本洸一さんをお訪ねしました。

避難指示解除準備区域というのはわかりづらい言葉ですが、立ち入ることはできるが、そこに夜宿泊することはできない、というものです。

電気もない、上下水道も働かない。夜、泊まりたくても泊まれない。生活することのできない環境です。

だから「準備区域」などというわかりづらいことをいうのでしょう。

『美味しんぼ』第110巻「福島の真実1」より

根本さんは有機農業一本で生きてこられた方です。

その根本さんのお話は大変に衝撃的でした。

三十年前に根本さんの属している農協で、原発反対の署名運動をして、それが通った。すると、そのとき農協の理事長だった根本さんに、地元の実力者から「そんなことやったら、あんたの家はつぶれますよ。息子さんは就職できない、嫁さんはもらえない」といわれた。

当時は、地元の有力者のツルで就職するのが普通だったそうです。

根本さんはお子さんが三人いますが、それなら地元の世話にならず自力で生きていけるようにと、奨学金はもらいましたが、三人とも大学を卒業させて、地元の世話にならず自力で就職できた。

原発事故以前は、原発に反対する人間は危険人物だったそうです。

「ここで原発に反対するのは、大変なことだった。私は危険人物なのな」

と根本さんは笑っておっしゃいましたが、今になって私も、原子力村といわれる勢力に少しでも反対の意見を

『美味しんぼ』第110巻「福島の真実1」より

いうとどんな目に遭うか、よくわかるようになりました。

しかし、私のように外部から物を見て何かいう人間と違って、現実に福島第一原発が目の前にある根本さんは、三十年前から反原発を主張してきて、周囲から強い圧力を受け続け、お子さんの教育もご自分の主張を通すために方針を決めて生きてこられた。自分が正しいと思ったことを貫き通す、人間としての本当の芯の強さに、私は深く心を打たれました。

二〇一一年から二〇一三年まで福島を取材して歩いて、辛いことばかりでしたが、根本さんと出会えたことが、私があきらめかけていた人間としての希望を失わずに生きる道を改めて教えてくれたと思っています。

根本さんとはこのあと、二〇一二年の秋にもお会いしますが、このときも二〇一二年の秋にお会いしたときも、相馬市に避難していて、そこからご自宅に通う生活をしておられました。

私が二〇一二年五月十日にお訪ねしたときには、避難先から自宅に通って試験栽培として稲作をしておられました。

試験栽培とは、その土地で稲を栽培して、どれだけ安全な米がとれるかを試験するものです。根本さんの利益には一切なりません。国に委託されての仕事です。

私は、根本さんが携わっておられる上耳谷《かみみみがい》の生産組合の試験田を見学させていただきました。その試験田は全部で一〇アールの田が四枚。

私たちが見学したとき、その試験田の空間線量は、毎時0・65〜0・73マイクロシーベルトでした。その数値を見て、根本さんは、

「二〇一一年九月頃の文科省の発表では毎時1・2くらいはあったから、その頃から比べると下がったんだなあ」

とおっしゃいました。

その時、少し高いところから見た、試験田周辺は無惨な姿でした。どこの田も、田と田の間のあぜ道の存在がかろうじてわかる程度で、一面に雑草がはびこっていて、これがかつての美田とは信じることもできない荒れ果てた野原でした。田畑というものは、人間が毎日手塩にかけなければその存在が成り立たないものなのだということを、痛切に感じました。

大臣が「ゴーストタウン」といった町

私がお会いしたときに、根本さんは七五歳でした。とっくに現役を退いてもいい年齢です。その年齢で、原発事故のあとの試験田をご自分で栽培なさる。

大変じゃありませんかと私が尋ねると、根本さんはさらりと、

「まあな、俺の人生の仕事でしょ」

とおっしゃいました。

なんという、凄い言葉だ。

私も、こんなことをいってみたいものだと、しみじみ思いました。

根本さんには、その年の秋にも、この試験栽培の結果を伺いに上がりました（148頁参照）。

根本さんの家にお邪魔したあと、私たちは小高の町を通りました。

私は今までこんな異様な光景を見たことがありません。

地震の影響で損壊した家は数軒ありましたが、ほかは外見上なんともない家が道の両側に立ち並んでいます。整ったきれいな町です。

しかし、人が一人もいないのです。

ある大臣が、小高を見て、「死の町、ゴーストタウンだ」といったのが問題になり、「福島の人を傷つけた」と新聞やテレビで叩かれ、ついに辞職を余儀なくされました。

私はその大臣がどんな人なのか知りませんが、その大臣の言葉は真実を語っていると思いました。

これはまさにゴーストタウンだ。

そうとしか、いいようがない。これをなんと表現すればいいのか。

『美味しんぼ』第110巻「福島の真実1」より

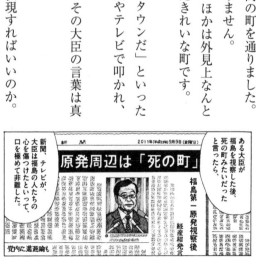

新聞やテレビはこの実状を伝えたのでしょうか。

一つの町がゴーストタウンになっている実状を伝えずに、隠すことが福島の人たちのためだというのでしょうか。

福島の負の部分をおし隠すことは、かえって福島の人たちのためにならないと私は思います。どうやら、福島の実状を語ることはタブーなのです。福島を語るときには、何にも問題はない、上手く行っていると美化して語らないと、大臣でもクビになるのです。

車も通らないのに、信号機だけが、赤、青、黄と点滅し続ける。

実に不気味な光景でした。

地域を分断した「特定避難勧奨地点」

私は、二〇一二年六月に霊山町小国《おぐに》で、おぐに市民放射能測定所事務局長の菅野昌信さん、福島大学准教授の小山良太先生、福島大学うつくしまふくしま未来支援センター特任助教の石井秀樹先生にお会いして霊山地域の現状をうかがいました。

霊山といえば、本章の最初に書いたように、私が福島と出会った特別のところです。

私は霊山に特別の思いを抱いているので、小国は私にとっては、霊山神社の下にある町、という感じです。小国の人にとっては余計なお世話でしょうが、私にとっては霊山という名前だけで深く感じてしまうのです。

霊山町を訪ねたのは、私にとって特別の場所である霊山が、あろうことか、原発事故によってかなり厳しく汚染されたと聞いたからです。

その時伺った話をまとめます。

「国は、小国を含む伊達市内四地区について、年間積算量推計値が20ミリシーベルトを超えると推定された地点を「特定避難勧奨地点」と設定した。この制度は、行政区全体ではなく住居単位で指定されたもので、避難は全世帯が強制ではなく自由意志である（「だて市制だより」二〇一一年七月七日発行より抜粋）」

「今年、小国地域は、作付け制限区域に指定されてしまった。作付け制限とは、警戒区域及び計画的避難区域、また、二〇一一年度米の調査において500ベクレルを超過した数値が検出された地域が指定される制度である」

作付け制限区域に指定されると、米の生産はできなくなります。

そこで、小山先生たちは試験作付けをしているのです。

試験田で栽培した米は収穫後、販売はもちろん、自家用として食べることもできません。単に、栽培した米の放射能を測定するための試験田なのです。

試験栽培の作付けは出荷用でないことを明確にするために、その田の持ち主の農家ではなく、生産法人に委託します。ただ、栽培中の管理は農家が担当する仕組みになっています。収穫しても、販売はおろか、自分で食べることも許されないなどと、農家にとってどんなに辛いことでしょうか。

その時伺ったことでちょっと辛すぎることがありました。それは、前に書いた「特定避難勧奨地点」の問題です。これが、地域単位でなく、住居単位で決められたのが厳しかったと、皆さんおっしゃいました。

菅野さんの話では

「『特定避難勧奨地点』に指定されると、一人あたり月一〇万円が出る。その他に固定資産税や健康保険料が減免され、市県民税が免除、介護保険料も無料となる。そのため、ある方が試算したところ、七人家族だと年間一〇〇〇万円くらい違うという。

住居単位なので、隣の家は指定されたが、我が家はされなかった、という格差が生じて、いろんな弊害が出ている」

しかも、

「『特定避難勧奨地点』に指定された家の隣の土地で農業をしても問題にならない。さらに、避難している先が辛いからといって、家に戻ってきても、『特定避難勧奨地点』は取り消されない。小さい子供がいる家が優先的に『特定避難勧奨地点』に指定されたりするという、指定する側の恣意的な面などもあって余計複雑になり、地域の中でもずいぶんコミュニティが壊れたり、あるいは祭りがなくなったりしている」

もう一つ納得がいかないのは、

「年間19ミリと20ミリで差があるのだろうか。20ミリだったらダメだけど、19・9ミリならＯＫでは何の意味もないのではないか」

という疑問が起こるのも当然で、それが、地域の人々の間に不和を招くということでした。

原因を究明せずに対策だけ講じるのが、この国

そのような不公平が生じたのは、そもそも、国が福島の汚染の状態を細かく捉えるための汚染地図作りをしていないからだ、と皆さんがおっしゃいます。

国が明らかにしているのは、一辺が二キロメートルの網の目で区切った汚染地図です。

しかし汚染の状況はまだら状で、二キロメートルという粗い網の目では、汚染の細かい状況はつかみきれない。

小国の場合は一反もないような田んぼがたくさんあります。

一反とは、三〇〇坪、九九〇平米です。正方形で考えると、一辺が三二メートルもない。三二メートルと二キロメートルでは比較にならない。

二キロメートルの網の目で区切ったのでは、小国の汚染をつかめないわけです。

小国のある伊達市は一キロメートルの網の目で汚染地図を作っているそうですが、それでも自分が今住んでいる場所の汚染状況はわからない、と菅野さんはおっしゃいます。

そのような、漠然とした汚染状況しか国はつかんでいないのに、適当なさじ加減で、「特定避難勧奨地点」を指定するから、小国地域のコミュニティが崩壊するような問題を起こすのです。

菅野さんは

「このように汚染された土地で暮らすのは問題だ。しかし、この小国に愛着があって、ここで暮らしたい。であるなら、自分たちの地

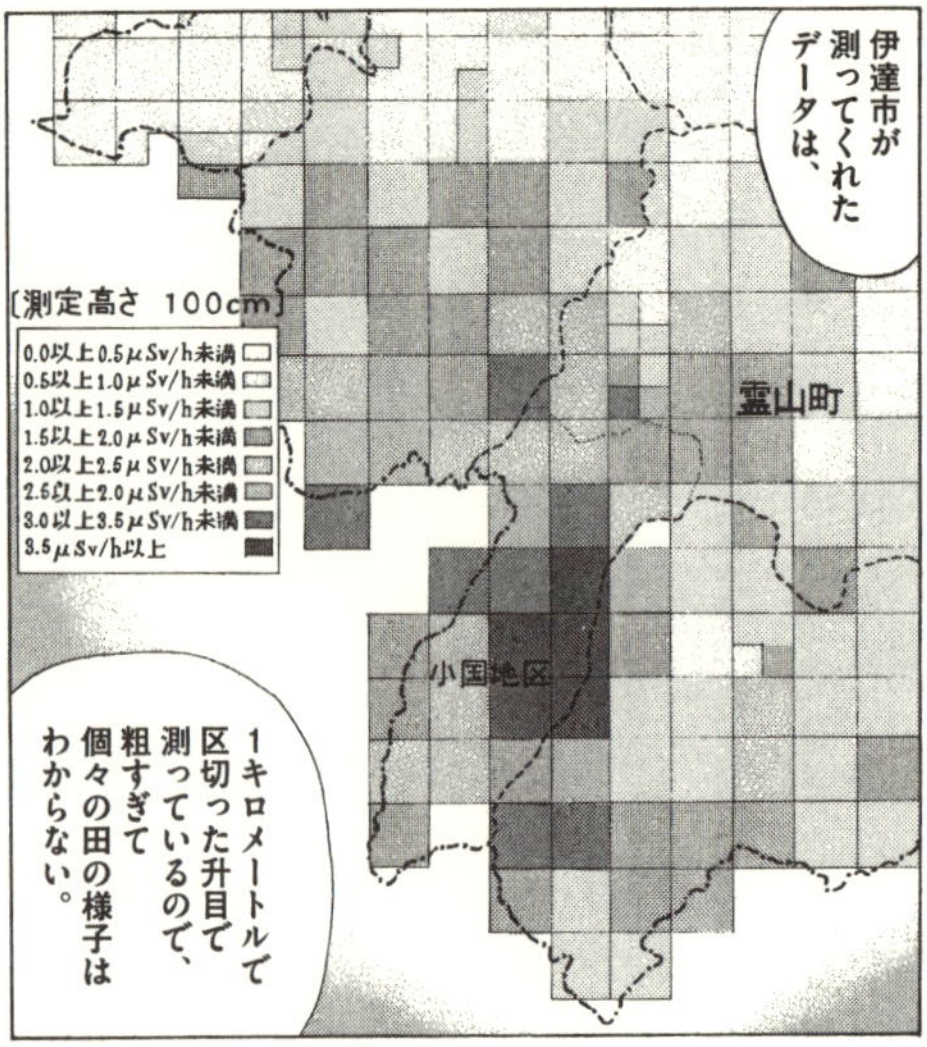

『美味しんぼ』第110巻「福島の真実1」より

域の汚染状況をきちんとつかみたい」

と考え、自分たちの生活の実態に合わせて、自ら判断するために、一〇〇メートルの網の目で区切って、地域のボランティアに測ってもらった「小国の汚染マップ」を作ったのです。

どうして国がこのような汚染マップを作らなかったのか。

さらに121頁に出てくるようにベラルーシには放射能物質の分布マップがありますが、日本にはないのです。

復興計画とか、除染計画を立てて、除染だけで四四〇〇億円が福島に投じられるが、汚染マップがない復興計画など本当は作ることができない。

皆さんがそうおっしゃいました。

まさに、その通りだと私は思いました。どこが、どう汚染しているのかわからずに、どうして除染計画や復興計画が立てられるのでしょう。

海図も持たずに海に乗り出すようなものではないでしょうか。

国は、原因究明をしていないのに対策を講じる、という不可解なことをしています。

小山先生はおっしゃいます。

「今一番困っているのは、土壌にゼオライトとカリウムを一反当たり二〇〇キログラム入れなければ出荷できないとされたことだ。

汚染はまだらなのに、汚染の低い農地から高い農地まで一律に入れろという。

農家は、いったん入れてしまったゼオライトを取り出すことは不可能だから、入れてしまったら土地の味が変わってしまうと心配している」

ゼオライトはセシウムを吸収するから、土壌のセシウムが作物に移行するのを防ぐ効果があるといわれています。しかしいったん入れてしまったら、これまで苦労して作ってきた土壌の持ち味が変わってしまう。取り出せたとしても、今度はそのセシウムが、放射性廃棄物となるから、その始末が難しくなってきます。

この、調査をきちんとしないで対策を立ててしまうということがこの国の不思議さです。

国の作った網の目二キロという粗い汚染マップは、

「汚染の実状を正確に知らせるためではなく、原発事故による汚染は大したことではない、と人々を安心させるために作ったのでないか」

という方もいました。

公開されていないストロンチウムの情報

小山先生は、さらに、放射性物質の核種（原子核の種類）についても言及されました。

「ベラルーシのホイニキ地区では、セシウム、ストロンチウムと核種別の汚染地図があって、汚染の分布度合いが違うのがわかる。

今日本では、セシウムの線量が下がったから家に戻っていいという話になっているが、ストロンチウムやプルトニウムについての情報は全然公開されていない。

一応福島県全体で三〇か所くらいで定点観測をしているが、ベラルーシでしているようなシミュレーションはできない。

ベラルーシのホイニキ地区などではチェルノブイリの事故から二十六年経って、今やストロンチウムとの戦いだといっていた。

福島の場合、チェルノブイリ事故に比べれば、プルトニウムやストロンチウムは、そんなに出ていない。ベラルーシのような汚染度にはなっていないのだろうと思う。しかし、実際に避難している人たちや生活している人たちは、ないなら、ないということを知りたいのだ。

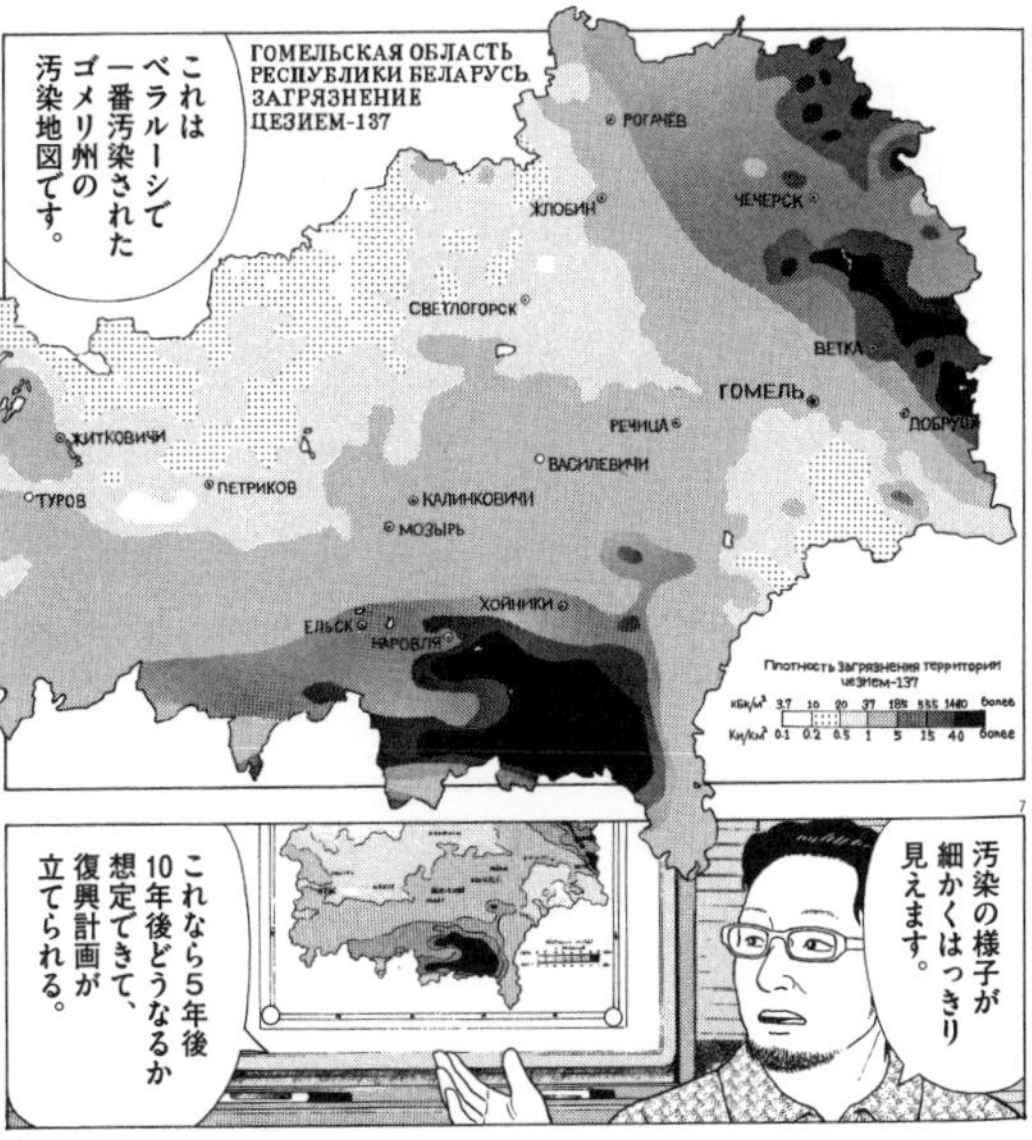

『美味しんぼ』第111巻「福島の真実2」より

今食品の基準はセシウムが一キログラム当たり100ベクレルとなっているが、ストロンチウムだったら1ベクレル。ストロンチウムの放射線はそれだけ強いのだ。

福島県内にはストロンチウムの測定器がない。伊達市や福島市は国の方で測定していて、伊達市は出なかったが、福島市では検出限界ぎりぎりくらい出た。

ストロンチウムなどが検出されるようなところはあらかじめ、区域分けしておかないと、全体の線量検査自体ができない」

ストロンチウムの基準値が1ベクレルとは、驚きました。

それだけ、ストロンチウムの放射線の強度が強烈だということです。

文部科学省は二〇一一年九月三十日にホームページで福島各地の土壌からプルトニウムとストロンチウムが検出されたことを発表しています。

その発表では、六月から七月の調査で、浪江町でプルトニウム238が土壌一平方メートル当たり4ベクレル、南相馬市でプルトニウム239、240合わせて15ベクレルでした。

なぜプルトニウムが問題になるかというと、セシウムと違ってアルファー線を放射する核種だからです。

アルファー線はガンマー線よりはるかに強い内部被曝被害を与えます。

しかもプルトニウム239だと、その半減期は二万四一〇〇年です。

ベラルーシにあって日本にはない汚染地図

二〇〇五年十二月二五日に佐賀県唐津で行われたプルサーマル公開討論会の中で、東京大学の大橋弘忠教授は、京都大学の小出裕章氏が「気体状のプルトニウムを呼吸器から吸い込む危険」を述べたところ、「固体のプルトニウムをどうやって吸い込むのだ。プルトニウムは飲んでも安全」と嘲笑しました（YouTube でこの公開討論会の模様が流されているので、ご覧になることをお勧めします。福島第一原発事故の前なので、大橋教授は非常に強気で「格納容器が壊れることはない」「水素爆発など起こるはずがない」と、今となっては顔も上げられないようなことをいっています）。

第三章で取り上げた、郷地秀夫氏の文書の中で紹介されている、足立光司氏の研究によっても、福島第一原発がメルトダウンしたときにセシウムなどが直径二マイクロメートルほどの微粒子になって飛散したことが証明されています。

その足立光司氏の発表された写真にはセシウム、鉄、亜鉛、マンガン、鉛を含む微粒子が写っていますが、メルトダウンによって核燃料も何も吹き飛ばされたのですから、ストロンチウムもプルトニウムも微粒子になって吹き飛んだことは文科省の発表からも明らかでしょう。

二マイクロメートル程度の微粒子であれば、呼吸器から吸い込まれてしまいます。

土壌にプルトニウムの微粒子が含まれていて、それが舞い上がって人間の呼吸器に吸い込まれるのはあり得ることです。

呼吸器から吸い込まれた微粒子は肺に到達し、肺を傷つけるだけでなく、肺から血液の中に入り、体中に回ります。

公開討論会で小出裕章氏がいったことが正しいことは明らかです。

このように、セシウムと違ってアルファー線を出す核種についての分布図が作られていないのでは、本当の意味での「汚染マップ」の作りようがない。

ベラルーシではそのようなアルファー線を出す核種による汚染地図がきちんと作られているのに、どうして日本では作られないのでしょうか。

それで、どうして正しい対策をとれるのでしょうか。

小山先生と石井先生は、小国地域の土壌を細かく調べて、試験栽培に備えるということでした。試験栽培は、カリウムとゼオライトを入れた地区と、入れない地区に分けて行うということです。霊山・小国地区には、その年（二〇一二年）の秋に再訪しました（129頁参照）。

3　福島の人の辛さ

風評被害で苦しんでいる福島の人たちの助けになろうと意気込んで福島にやってきた私ですが、この頃から、汚染の状況がこんなに不確かで、しかも予想していたよりはるかに高い放射線に汚染されている実状を目にして、しかも、政府のいい加減さを知ると、福島の今の状況は、「風評」などという言葉でどうにかなるものではない、という思いがふつふつと胸の奥に湧いてきたのです。

米作り名人は語る

試験栽培の水田の管理を依頼された渡邉《わたなべ》長之助さんからもお話を伺いました。

長之助さんは、七〇歳を超えていますが、長い間米作りに携わってきて、米作りの名人と尊敬されていました。

しかし、長之助さんの表情も言葉も冴えないものでした。

「私は土壌にカリウムやゼオライトを入れるのは反対だ。そういう余計なものを入れれば、米の味が落ちることは確実だからだ。

私の子供たちは霊山を離れているが、以前は喜んで食べた私の作った米も、野菜も、子供たちは今は食べようとしない。

私の米は個人的に買っていただいていた。去年は自主的に測定したら高い線量が出たので、その日のうちに福島のお客のところに行って、私の米は駄目だからよそで買ってくれとお断りをした。

私としては、普通のサラリーマンの奥様方に喜んでもらえるようなお米にならない限り、米を作る気はありません」

著者と「米作りの名人」渡邉長之助さん

セシウムを押さえこんだ「福島の土」

二〇一二年六月に、私は、二本松市で「ゆうきの里東和ふるさとづくり協議会」の皆さんにお会いしました。

二〇〇五年に東和町は二本松市、安達町、岩代町と合併し、行政区分名では二本松市になりましたが、ＮＰＯ法人としては、「ゆうきの里東和ふるさとづくり協議会」として活動されておられる方たちです（これ以後、東和のみなさん、と略記します）。

お会いしたのは、専務理事で事務局長の武藤正敏さん、理事長の大野達弘さん、副理事長の武藤一夫さん、事務局の海老沢誠さん、福島県有機農業ネットワークの代表もしている菅野正寿さん。

それに、当日来ておられた、茨城大学名誉教授の中島紀一先生、新潟大学の野中昌法先生、東京農工大学大学院准教授の木村園子ドロテア先生も同席されました。

その時、興味深い話を伺いました。

東和の畑の土壌汚染は、１０００から１５００ベクレル。

ところが、とれた野菜からはほとんどセシウムが検出されないというのです。

その理由を中島先生が説明して下さいました。

「理由の一つは、この東和の土壌は花崗岩《かこうがん》が風化してできた土であって、花崗岩の成分である雲母の層の間にセシウムが入り込むと、セシウムは出られなくなる。

二つ目の理由は、セシウムはプラスの電荷を持ち、土はマイナスの

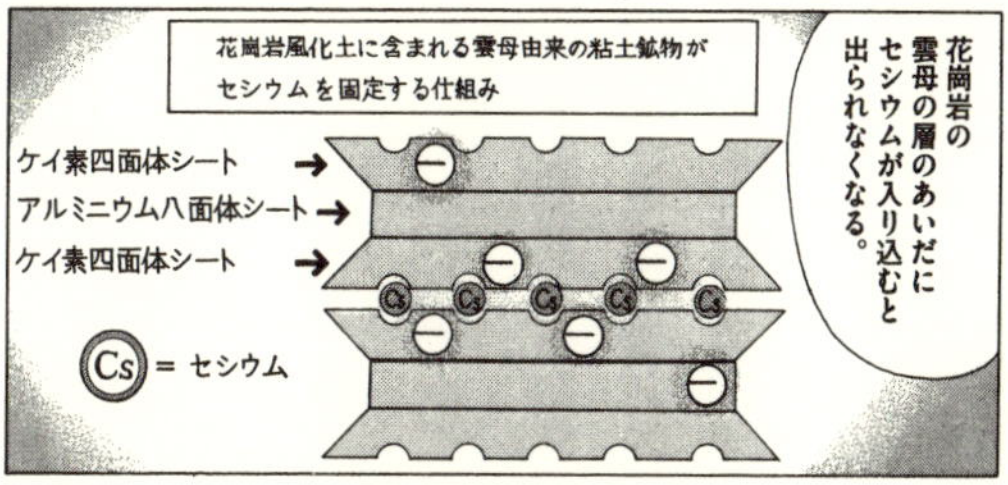

『美味しんぼ』第110巻「福島の真実１」より

電荷を持っている。土に比べるとセシウムはごくわずかだから、セシウムは電気的に土に吸着されてしまい、作物に移行できない」

これは驚くべきことです。

さらに、事務局長の武藤さんがいいました。

「福島は農業に力を入れて、堆肥とか有機肥料を入れてしっかりした土作りに力を入れてきた。実際に調べてわかるのは、しっかりした土作りをしてきた農家の作物から放射能は出ない」

「しかし、土から栄養を取らずに、木から栄養を取るキノコ類、竹の根から栄養を取るタケノコなどは、木や竹の汚染が移行してしまうから線量が高い」

土そのものが、セシウムを押さえこむというのは大きな驚きであると同時に、希望が湧いてきました。これなら、福島の農業は大丈夫なのではないか、と私は思ったのです。

そう思った瞬間、私は、いや待てよ、と考えました。

二本松の空間線量は、私の線量計で測って一時間あたり0・7マイクロシーベルトありました。年間6ミリシーベルトを超えます。

X線撮影を行うなど「放射線管理区域」と呼ばれる場所の線量は年間5・2ミリシーベルトを基準値としていて、一般人の立ち入りは禁止されています。

作物の線量は低くても、放射線管理区域より高い線量の場所に住むのはいいことでしょうか。

東和にはこの年の十一月、米の収穫後に再び訪問することになります。

何もしなかった場合の、厳然たる事実

二〇一二年十二月一日。

六月以降、福島大学の小山良太先生たちが取り組んできた試験栽培の報告が、伊達市保原市民センターで「伊達市『稲の試験栽培研究報告会』」として開かれたため、私たちはその結果を知るために会場に出かけました。

伊達市では二〇一一年秋、市内の一部地域から当時の暫定規制値（一キログラム当たり５００ベクレル）を超える放射性セシウムを含んだ米が検出され、市内六地区の一部で二〇一二年度産米の作付けが制限されたのです。

市民センターは満員でした。農家の方たちの結果を待ちわびる熱気が充満している感じがしました。

みなさん、試験栽培でよい結果が出ることを待ち望んでいるのです。

報告は、伊達市小国地区での試験栽培について、東京大学の根本圭介教授、伊達市掛田地区における水稲の放射性セシウムの吸収抑制対策試験について、東京農業大学の後藤逸男教授、伊達市の農業の再生と地域農業振興策について、福島大学の小山良太准教授など、試験栽培に

携わった研究者の方々の発表が続きました。

東京大学の根本圭介教授の発表を簡単にまとめます。

「小国地区では四〇筆六〇枚の水田を地権者から借りて作付けを実施した。

借りたといっても実際に水管理などは地権者に協力してもらった。

六〇枚の水田のうち五枚は、セシウム吸収の低減資材であるケイ酸カリウムとゼオライトを全面に入れ、残りの五五枚は低減対策を行わなかった。

ただ、五五枚の水田のうちの三九枚には、一筆ごとに波板で二坪だけを囲い、その中にケイ酸カリウムを入れた。

最終結果を見ると、低減対策を行わずに、去年と同じ状態で作った田んぼの中で、玄米一キログラム当たり100ベクレルを超えた田んぼが一四枚あった。

全面的にケイ酸カリウムとゼオライトをまいた五枚の低減対策水田では、玄米一キロ当たり100ベクレルを超える田んぼは一枚もなかった。

また、低減対策をしていない田で二坪だけ区切ってケイ酸カリウムをまいたところでは、玄米一キログラム当たり100ベクレルを超えることはなかった。

小国のセシウム吸収は平均的な傾向としては確実に低下しているといえる。

しかし、小国で低減対策をしなかった田んぼの四分の一が100ベクレルことを超えたことは厳然たる事実である。

今回試験栽培した田んぼは小国地区全体の一割にも満たない。

だから仮に来年すべての田んぼに今年と同様低減対策を施したときに、収穫した玄米がすべて一キログラム当たり１００ベクレルを超えることはないと一〇〇パーセント保証するのは、科学的に難しい。

しかし、例外的なことが起こっても、今、米の全袋検査が軌道に乗っているからその田んぼを特定して、その田んぼ独自の対策を立てることができる。

そうすることで、セシウム吸収を押さえこんでいくことは技術的に可能だ。

水田は、畑と違って、水を張る特殊な生態系である。山林と用水と水田を一つのシステムと考えて、その中で放射性セシウムがどう動いて稲に吸われるか、地域全体のセシウムの動きが問題だ。

山林の木の葉の表面にセシウムをふくむ降下物がたくさんついている。そのセシウムが徐々に環境中に放出されていくと想定される。これを考えると、長期的な視点に立ったモニタリングを継続することが、問題解決の鍵になるだろう」

私が恐れていたほど悪い結果でなかったことにほっとしましたが、根本教授の「小国で低減対策をしなかった田んぼの四分の一が１００ベクレルを超えたことは厳然たる事実である」という言葉は重く響きました。

ゼオライトは確かにセシウムを抑えていた

東京農業大学の後藤逸男教授はセシウムとカリウムのセシウム吸収抑制効果が高いことを、伊達市掛田地区で行った試験栽培の結果として報告しました。

後藤教授の報告をごく手短に要約します。

「田んぼをA、B、Cの三種に分け、

Aは、ゼオライトの効果を検討するために、ゼオライトを一〇アール当たり二〇〇キログラム入れたところと、一トン入れるところを作った。

Bは、塩化カリあるいはケイ酸カリを入れた田んぼで、ゼオライトの効果を比較検討した。

Cは田んぼの酸性度でセシウムの吸収度が違うかを試すために、ケイ酸を含んでいる軽炉スラグ（製鉄の際にできる、鉄以外のいわばカス。カルシウム、ケイ素、マグネシウムを含んでいて肥料として多く使われている。アルカリ性なので酸性土壌を改善する働きもある）が水稲によいのではないかと考え、軽炉スラグを入れない田んぼと、一〇アール当たり一トン入れた田んぼを作った。

まず最初にいっておくと、どの田んぼからの玄米も、検出されたセシウムは一キログラム当たり100ベクレル以下だった。

Aのゼオライトを入れた田んぼでは軽減効果が見られなかった。

Bではゼオライトを二〇〇キログラム（以下、すべて一〇アールごと）入れた田んぼの玄米が一キログラム当たりセシウムが11・2ベクレル、一トン入れた田んぼの玄米が2・4ベクレルと差が出た。

Cの軽炉スラグを入れた田んぼは、pH（物質の酸性・アルカリ性の程度を表す単位。pH7が中性で、これより低い方が酸性、高い方がアルカリ性）が7・5まで高まった。酸性改良した田んぼの玄米は一キログラム当たりセシウムが29・3ベクレル、酸性改良していない田んぼの玄米は、58・2ベクレルとなった。

ゼオライトを使うと玄米の収量が増える。

それは、ゼオライトがアンモニアを抱きかかえてそれが稲に吸収され、タンパク質を増やすからだろう。

結論としてカリウムによる明らかなセシウムの吸収抑制効果、またゼオライトによってもセシウムの吸収抑制効果が認められた。

いえることは一〇アール当たりゼオライトを五〇〇キログラムから一トン、それに塩化カリを二〇〇キログラム入れることが合理的だ。

ゼオライトは一度入れたら百年、一万年経っても田んぼに残っている限り一切変化しない。一回多めに入れておけばあとは入れなくていい。

そして、土壌診断に基づいた施肥管理、基本的な土作りが何よりもセシウム低減対策として重要である」

ゼオライトを入れると米の味が落ちる

このゼオライトが米の収量を増やすということに対しては、会場から、後藤教授の配布した資料の中に、「ゼオライトの施用により収量が増加する。タンパク質の増加により食味値が低下する」と書いてあることについての質問が出ました。

後藤教授は、その点に苦渋しておられた。

その言葉をそのまま引き写します。

「そこの部分は、誤解を招くかと思っていわなかったが、増収するとタンパクが増える。そうすると、実ははっきりいうと、食味値は低下する。

ゼオライトを入れたらまずくなる、というのではなく、食味値を下げないようにするにはどうするかといったら、窒素を減らせばいいから、その分カリを増やせばいい。要するに、アンモニアとカリの量を維持すればいいのだ。

最初から皆さんにさらけ出していおうかと思ったが、誤解を招くといけないので、その部分は資料から省こうかと思ったが、間違えて資料に書き入れてしまった。

決して、ゼオライトを入れたり窒素を増やしたら、食味がまずくなるっていう……、一般的には、収量をあげれば食味値が下がるのは当たり前。要するに、農産物は質と量を両立することはできない。作物の原理原則として、収量があがれば食味値は下がる。

昔は質より量だったが、今は量より質が求められる。だから、食味値を気にする人が多い。窒素量を減らし、タンパク質を減らして、収量を減らすから、食味が上がる。そこのところはくれぐれも誤解されないようにお願いしたい」

聞いていて、かなり苦しい返答だと思った。

私たち日本人が好む米の味はむずかしい。

タンパク質が米の味を壊すかというと、そうともいえない。酒を造るのに適した酒米は、米の芯に大量のデンプンを含んでいることが大事とされている。

酒米で有名な「山田錦」は米粒も大きいし、米の中心である心白（デンプンの部分が白く見えるのでそういいます）も大きい。しかし、食べては美味しくないのです。

デンプンとタンパク質の微妙な割合の違いを、米食民族日本人の舌は感じ取るのでしょう。

しかし、長之助さんがおっしゃっていたように、ゼオライトを使うと米の味が落ちるということは確かなようです。

風評を信じて買わない消費者は加害者か

福島大学の小山良太准教授は「農水産物の検査体制と風評問題」について報告しました。

小山良太准教授の報告を要約します。

「今年は米の全袋検査を一三〇〇万袋することになっていて、すでに九〇〇万袋まで終わった。その内、一キログラム当たりセシウムが100ベクレルを超過した米は今のところ五三袋、全体の0・0006パーセントである。

根本先生と後藤先生の研究成果を踏まえて、ゼオライトやカリウムを入れるべき農地なのかどうか、まずそれを知る必要がある。

試験成果と何がどれくらい効果があるかを合わせて、来年の作付けをぜひ再開できないかと考えている。

風評被害という言葉については、風評を信じて買わない消費者が加害者、買ってもらえない農家・生産者が被害者として扱われているのは間違いだと思う。

消費者も買いたいのに買えない。生産者は売れない。両方とも被害者なのだ。

それは勝手に放射能を降らせたからだ。観光客も本当は観光地に行きたい。だが、放射能のせいで行けない。観光客も、観光地も、両方とも被害者なのだ。

消費者が福島の産物を買わない理由は三つある。

一つはゼロリスク型。

１ベクレルでも入っているのはいやだという人。

二つ目は、基準値によって反応が変化する型。

基準値が５００ベクレルから１００ベクレルになったから買おう、という人は現実にいる。どの基準値なら受け入れるかという問題になる。

三つ目は一番よくある型だが、検査体制が信頼できない、という型だ。

検査体制が信頼できないから、放射性物質が入っているかもしれない。とりあえず福島産は避けておこう、という型が一番多い。

ゼロリスクでなければいやだ、という人に対しては難しいが、信頼を失わないような生産体制、検査体制を作ることが、風評被害をなくすのに必要なことだ。

問題は、国として、必ず農地を測らなければならないとか、こんな検査を組み合せなければならない、などという法律がないことだ。

伊達市は独自にここまで頑張ってきたが、伊達市だけ頑張っても仕方がない。国が法令の整備をすることが必要だろう。

他県の食品から、汚染された食品が出た場合、それなら福島はもっとひどいんじゃないか、福島の検査はいい加減だったんじゃないか、などということになりかねない。

全袋検査でどこの圃場のリスクが高いかわかるから、吸収抑制対策を効果的に行う。場合によっては、栽培するものを変えることも一つの方法。

一枚ごとに圃場の土壌を検査分析すれば、何が必要なのか納得できる。そうすることで、今は放射線汚染対策で後ろ向きだが、五年後十年後に向けて良い土を作り良いものを作ろうと、農業の再生につながるようなことを進めていくのが重要だ」

小山准教授の言葉は理性的で将来に向かって進もうという意識が強く、大変に感銘を受けました。特に、風評被害の本質をつかんでおられるので、いろいろと勉強になりました。

報告会のあとで個人的に小山先生からお話を伺いました。

その要点を記します。

「ゼオライトやカリウムを入れなくても、ほとんどのところは何もしなくても、セシウムがでない（東和で茨城大学名誉教授の中島紀一先生に伺ったのと同じことのようです）。

土壌も5000ベクレルを超えるところもあれば、300ベクレルのところもある。だから我々がしているように、細かい網の目で、土壌を分析することが必要なのだ」

「最大の風評被害の原因は、福島第一原発が終息していないことだと思う」

霊山にずいぶん紙数を費やしてしまいましたが、霊山に対する私の思い込みがあることと、この汚染の度合いの高い霊山で、農業再生のために取り組んでいる方たちの大変な努力を知っていただきたかったからです。

そして、この伊達市の報告会に参加して、私の、福島に対する不安感は強くなったのです。

福島の土壌汚染の深刻さ

根本教授、後藤教授の報告は、私が見過ごしていた事実を明らかにしてくれました。汚染された土壌で米を栽培することがどんなに困難なことなのか。根本先生、後藤先生の報告を伺って、理解しました。体の芯に震えが走りました。これは、とんでもない苦行ではないか。

私が、一番大きな疑問として抱いたのは、どうして、伊達市の農家の人たちがこのような苦しみに耐えなければいけないのか、どうしてこのような努力をしなければならないのかということです。

今まで幸せに過ごしてきた人生を破壊されたのは、この人たちのせいではない。それなのに、どうして、この人たちは現在の幸せを奪われ、将来にも希望を抱けない状況に追いやられたのか。

米作りの名人、渡邉長之助さんは「もう米作りはしない」といいます。

私は長之助さんのあの、寂しく沈んだ顔が忘れられません。自分が命をかけてきた仕事を失うと、人はあのような表情になってしまうのでしょうか。

小山先生のおっしゃることは正しいと思います。

しかし、先生のおっしゃるような手間のかかることを、以前はする必要がなく、みんな幸せに暮らしてきたではありませんか。

そんなに大変に手間のかかることをしても、以前の生活は簡単には戻ってこない。

セシウムを吸収させるために、土壌にゼオライトなどという、それまで良い土作りに励んでいた農家の方たちが考えたこともないようなものを入れなければならない、というこの現実。

長之助さんがおっしゃっていました。

「土を全部変えなければ駄目だ」

長之助さんは、こうもおっしゃっていました。

「ゼオライトを入れて、食味の落ちた米をお客さんが買ってくれるだろうか」

玄米一キログラム当たりセシウムが１００ベクレル以下ならよいという、そんな世界を私たちは想像したこともない。

伊達市の農家の方たちは私たちと違う人たちなのでしょうか。

そうではないでしょう。

私はこの伊達市での発表会で研究者の皆さんの発表を伺っているうちに、土壌汚染がどんなに厳しいものなのかを思い知らされ、福島に対する今までの楽観的な考えが崩れていったのです。

放射能が残る田んぼに入る恐怖

伊達市の報告会の前、十一月二十一日に、六月に訪問した東和を再訪しました。

前回お世話になった「ゆうきの里東和ふるさとづくり協議会」事務局長の武藤正敏さんと、理事長の大野達弘さんにお話を伺いました。

二本松市東和地区は、戸沢村、針道村、太田村、木幡村の四村からなりますが、針道村をのぞく三つの村は、今年「作付け制限区域」となりました。

作付け制限区域となった三つの村は、深く耕すこと、ゼオライトとカリウムを入れること、出来た米を全量検査すること、という条件を守れば作付けをしてもよいことになりました。

お二人の話をまとめます。

「大野理事長は作付け制限区域ではない針道村に住んでいる。全量全袋検査の結果、8ベクレル出たものがあった。

測定器の測定下限値は11ベクレルに設定しているから、本来8ベクレルなら検出せず、というところだが、大体このくらいであろうという推測のもとに割り出した数値だ。

武藤事務局長は作付け制限区域の木幡村に住んでいて、測定下限値11ベクレルで、ほとんどすべてが検出せず。一つだけ36ベクレルという数字が出た。武藤さんは木幡村から三キロメートルほど離れた福島市にある田んぼでも米を作っているが、36ベクレル出た米はその田んぼからのものだった」

「作付け制限区域で米を一切作らなかった人には、一〇アール当たり五万四七〇〇円の賠償がされた。作らなくてよかったという生産者もいた。三分の一ほどは作らなかったはずだ。作った人たちは、多少の課題はあるがいい結果だったので、作ってよかった。来年も作るという考えだ」

ここでも、国が汚染マップを作らなかったことが問題に挙げられました。

「東和の各地の一三〇〇枚の田んぼの汚染を測った汚染マップは農家の協力があってできた。しかし、測ったのは全体から見ればわずかだ。

国が早く地域の汚染マップを作っていれば、対策の仕方もわかったはずだ。田んぼが汚染されているのだから、全量全袋検査という出口調査をしても消費者から信用されない。現場には国のリーダーがいない。

「昨年から比べると、米のセシウムの汚染度が大幅に低くなった。その何が原因なのか、ゼオライト、カリウムの効果があったのか、水管理なのか、または放射能の自然的な半減なのかわからない」

結果は嬉しかったでしょう、と私が武藤さんに尋ねたところ、

「いやあ、嬉しいですよ。だって食べられるんですもん」（一キログラム当たりセシウム100ベクレルの国の基準より低い、一キログラム当たり11ベクレル以下）

と嬉しげに武藤さんは答えましたが、私たちが、

「作物から放射能が検出されないのは、土壌にセシウムが吸着されたからだったとしても、その土地にセシウムはあるわけだから、作物をつくっている生産者には影響があるのではないか」

と尋ねると、武藤さんは厳しい表情になりました。

米が食べられるようになって嬉しい、と喜んで笑顔になった、その顔の表情が突然変わったのです。

「土壌からも、四方からも放射能を浴びますよね。人間が田んぼに立てば、それだけの放射能

を浴びるわけで、長靴を履こうが、マスクをしようが、カッパを着ようが、そんなものは通すんだ。我々はそういう状況におかれているので、決して安全ではない。食べなければいいとか、長い時間そこで作業しなければいい、ということではない。現場にあるんですよ！

だから、長靴履いて田んぼに入るときは、非常に恐怖感がありますよ。長靴から靴下からズボンから通すわけだから。皮膚、傷口、呼吸から入るものの影響がどれぐらいなのか、我々は健康被害を早く知りたい。呼吸からは五パーセント以下だとほとんど影響ないといわれているが、だったら、田んぼに立ったときや脱穀する埃《ほこり》だとかの影響はどれぐらいあるのかを知りたい。でも、なかなか教えてくれないから、自分たちで大学の先生をお呼びして自らが勉強する以外にない。

危機感は持っているが、自己防衛としてできるのは長靴やマスクや帽子をかぶる程度。だって、土地に触らないと農業ができないんです。

お風呂も、薪《まき》の灰を測ったらけっこう高くて、ガイガーカウンターで測ったら1・4ベクレルあったので、東京農工大学で検査をしてもらっている。というふうに、私は何もかも、危ない方に物事を考えている。で、その中で生産活動をするにあたって、留意すべき事項だけを考

皮膚、傷口、呼吸から入る放射性物質の影響はどれくらいなのか、誰も教えてくれない。
でも、土に触らないと農業はできません。

『美味しんぼ』第111巻「福島の真実2」より

えていこうと。埃を吸わないように、メガネをするようにといってきたが、最近は慣れてしまった人も多い」

　このときの武藤さんの表情と言葉は忘れることができません。

　私の目の奥をのぞき込んで、なにか心の奥にたまっていたものを私に打ちつけるような、そんな感じを受けました。

「先祖伝来の土地」という決まり文句

　私たちは、二本松の線量は高いのにどうして武藤さんは避難しないのか、質問しました（お話を伺った、道の駅「ふくしま東和」の隣、米の線量を計測している「ＪＡみちのく安達」での空間線量は私の線量計で０・72マイクロシーベルトでした）。

　武藤さんは、次のようにおっしゃいました、

「ははは！　だって、国が安全だって、ただちに影響ないっていうから。

　やはり、農家と都市部では考え方が違うと思う。農家は、先祖伝来の田畑、井戸、蔵も家も、地域のコミュニティもある。よそに逃げても、今のような暮らしができるのか、生活の保障ができるのかといったらわからない。一時避難的には電化製品も与えられ、ある程度の生活もできるが、それでいいのかと。ここで食べて暮らして、地域のコミュニティが守られるならここ

の方がいいでしょう、という意識が強い。調査すれば作物にも出てこないし、空間線量は高いが、外部からの影響は何パーセントもない、といわれているのですから」

そして、

「あと三十年生きないんだから、とか、俺の時代ではいいんだという人もいるが、そうじゃない。セシウムはゼロになるのに三百年かかるといわれている。我々は三十年で死ぬからいいかもしんないけど、これから生まれてくる子供がこの土地で暮らすことになれば、その危険性が尾を引いていくので、その解消を早くしないとダメ。土の測定をして、きちんと下げる努力をしてかないとダメなのだ。

そういう教育を誰かがしないとならないが、県も行政もいわない。いえば、農地から離れなさいということになる。

こんな空間線量の高いところに長くいるべきではないと思う。せめて子供だけでも、年に二回ぐらいは安全なところに避難させないとならない。チェルノブイリでさえ、子供を避難させたのに、福島県は子供を避難させなかったんですよ。避難させるとパニックになるとか避難する場所がないとか、それは言い訳だ」

武藤さんは田んぼに入るのに恐怖感があるとおっしゃいましたが、それは、霊山でも聞いたことでした。霊山では、線量の高い土壌では、作業をしないようにする、と伺いました。

武藤さんが、避難しない理由としてあげた、「**先祖伝来の田畑、井戸、蔵、家、地域のコミュニティ**」という言葉は、福島の多くの人がいうことです。

このことについては、私があとで議論する題材になるので、記憶しておいていただきたいと思います。

作った米が一キログラム11ベクレル以下となって、国の基準100ベクレルより低いから食べられる。

しかし、田んぼに入って働くことには恐怖感を抱く。

国は、汚染マップも作らず、ゼオライトとカリウムを土壌に入れることを強要する。

国は実際の状況もつかまずに、対策だけをする。

国は、土地の人たちが抱いている不安に対して、何一つ答えることをしていない。

明らかに、国は福島の人たちから、実状を隠蔽している。

東和で私はそのように感じました。

『美味しんぼ』第111巻「福島の真実２」より

私の福島に対する不安は増していくのです。

恐怖のセイタカアワダチソウ取り

五月にお訪ねした根本洸一さんを、十一月二十日に再訪しました。避難指示解除準備区域（年間積算量20ミリシーベルト以下）である南相馬のご自宅では寝泊まりができないので、根本さんと夫人の幸子さんは、相馬のご親戚の家に避難されていました。そこで、根本さんご夫妻に、試験栽培の結果を伺いました。試験栽培の結果である米自体のセシウムの線量についてはともかく、その過程で根本さんが体験された苦労は、私たちの想像を絶するものでした。

根本さんと、夫人の幸子さんと、私との会話を、その時収録した音声を元に、できるだけ忠実に書き写してみます（紙数の都合上、かなり省略しましたが、中身は会話の通りです）。

根本　「南相馬じゅうの田んぼは耕作していないもんだから、今年、セイタカアワダチソウがいっぱい生えてしまった。肥料があるもんだから育つんだな。だから、とにかく草を刈って環境をよくしたくて、農家どうしでその都度話して、九月になって初めて草を刈ることが決まった。でも、その頃には草の背が伸びてしまっていて、田んぼに入ったら、道もわかんない。どこが陥没してっかわかんないから、状況判断しながらトラクターで田んぼに入ってね、本当に命がけですよ」
雁屋「草取りも命がけですか」
根本「そうです。セイタカアワダチソウは二・五メートルくらいあるから、前が見えないんだもん。去年はパラパラしか生えてなかったけどね。畑には月見草が生えていたな、これも去年はパラパラだったのに今年はもうびっしりだった」
その時の写真を見せていただきましたが、セイタカアワダチソウが背高く密集して、まるでサトウキビ畑のようになっていました。
雁屋「まるでサトウキビ畑ですね」
根本「ジャングルですよ」
幸子「だから、お父さんが機械で田んぼに入るの怖かったから、ついていったの。一方から田んぼに入って、向こう側に行ったら全く見えない。普通なら草がなびいてわかるのに、そのなびく様子も見えない。堀に落ちてしまったら大変だし、周りに誰もいないから」
その時のことを思い出すだけで、幸子夫人は恐怖がよみがえってくるようで、痛々しく怯えた表情になりました。
根本「ここに百枚の田んぼがあって、そのうち二枚が試験田だとしたら、試験田は手を入れているからセイタカアワダチソウはそんなに生えない。けれど、残りの九八枚が全部この状態だった」

そうだったのか。試験田に入るために、その周りを取り囲んで生えている、二・五メートル以上の高さがあるセイタカアワダチソウを刈る必要があったのです。

私は神奈川県の住民で、近隣にセイタカアワダチソウはたくさん生えていますが、根本さんに見せていただいた写真に写っているセイタカアワダチソウは、私がこれまで見て知っていたセイタカアワダチソウとはまるで別物でした。

背が高く、一本一本が太く猛々しく、しかもそれが密集しているのです。試験田の周りを、そのセイタカアワダチソウのジャングルが取り巻いていたのです。

根本「今年の春、試験田をする段階では、試験田の草は固かったけれど、全体が見えたから心配はなかったんだけどな」

幸子「夏を越してからが大変だった」

根本「本当は、草が伸びるお盆前に刈れればよかったけどな」

なぜ、お盆前に草刈りができなかったのか、後に改めて根本さんに確認したところ、「地域の農家どうしの話がまとまらなかったから」とのことでした。草刈りをしようという意見がある一方、国が除染をするというんだから除染を待とうという意見もあり、話がまとまらず、結果、草刈りの時期が遅れたのだそうです。

根本「国が除染するといったんだけど、いつになっかわかんないわな。で、百姓の気持ちとして、こんなこと、いつまでもねえだろうと。自分の田んぼがな、去年も一年遊ばせて、そんな、あんたがたそんでいいの、って。刈ろうってことになってやったんだよ」

それで、根本さんはセイタカアワダチソウのジャングルに単身乗り込んだのです。

セイタカアワダチソウのジャングルの写真を見ると、幸子夫人がどれほどの恐怖を抱いたか、よくわかりました。

イノシシ天国になった田んぼ

雁屋「で、結果はどうだったんですか」

根本「以前雁屋さんが来て見たところは、本当は一番出るだろうという場所だったが、結果は、あそこで、セシウム１３４と１３７合わせて、一キログラム当たり20ベクレルだった」

しかし、試験田の米を全部収穫できたわけではなかったのです。

根本「試験田がイノシシにやられてしまって、一キロ取るのが大変だった。イノシシが穂をほいで食べるんで、びっくりした。一昨年までは山でキノコの原木をやっていて、人がいたから、下の方までは来なかった。全体で田んぼ一枚ぐらいはやられていたが、今度みたいに全部やられるってことはなかった。あと、前は鉄砲打ちがいたからな」

幸子「人の数が少なくなってしまうとイノシシの天国ですね」
根本「米をつくってくれて、なんて奇特な人なんだと。根本大明神だな」
幸子「本当は、若い方たちはその試験田四枚の田んぼをつくるのにも、かなり乗り気じゃなかったんですって。お父さんがやんなきゃやんなきゃと後押ししましたでしょ。で、結果がこうでしょ。だから、申し訳ないような、何ていっていいか、これが現実なんだから仕方ないっていうか…」
雁屋「だけど、放射線量は何とかよかったですよね」
根本「はい」
雁屋「その結果だったら、来年からつくってもいいということになるんですか」
根本「いや。南相馬市はつくることになったが、私の住む小高地区は旧警戒区域、今は避難指示解除準備区域で、そこには泊まれないので、今の状態ではつくれない。例えば試験的に一枚、水を入れたりはできるけど、全部は無理だ」
幸子「水も、私どもの田んぼは、井戸があったので水をかけられたけど、全部となったら大変。昔の沢水だけでやるしかないし、量が限られる」
雁屋「でも、沢水も危ないし」
根本「沢水でも、雨が降ったら止めに行く必要があるから、朝晩管理しないとならない。だから、やっぱり田んぼのそばにいないと無理なんです」
雁屋「ということは、今年、試験田を始められた段階では、わりと早く、南相馬の家に帰れるだろうと思われていたんですか」
根本「はい」
幸子「いや、そういうことではない。知りたかったんです」
根本「知りたいし、やっぱ、つくってみたかった」
幸子「この人の場合はそれもある（笑）。この避難先の家の庭で種まきしたの。水道を使うとお金がかかるから、川からタンクで水を汲んできて、そしてこの庭で苗床並べて、出た苗を南相馬へ持っていって、それを田んぼに植えたの」
雁屋「それは大変だあ！」
幸子「いや。喜んでやっていたの」
　といって幸子夫人は楽しげに笑いました。
　幸子夫人が、どんなに根本さんを思っておられるか、深く美しい情愛を私は目の前で見ることができました。

安全でも食べられない、という矛盾

雁屋「まとめますと、試験田は、根本さんが整地され、手間はかかった。そして、苗は避難先のここでつくり、試験田へ持って行って、うまく伸びたところでイノシシにやられちゃった。試験田は五枚ですか」

根本「はい。一枚の田んぼで、四か所、対角線に採るんだけど、イノシシにやられてしまったので、たぶんそうはいかなかったと思う」

幸子「本当は、四か所から各一キロ欲しかったわけだけど、そうはいかなかったと思う。どの田んぼもイノシシさえいなきゃ、素直でいい稲でしたよ」

雁屋「最後は根本さんが、自分で刈り取りはできないんですか」

根本「それはやってはいけない。試験田だから、採ったらばコンバインで刈って、その場で田んぼに捨てていくと」

雁屋「採れた米を根本さんが手にとって食べることもできないんですか」

根本「刈っても、食べてはならない」

雁屋「農協の人が刈って、その人たちが試験をしたんですね」

何と切ない話だろうか。

根本「農協はそれを国に報告して、発表してもいいかと伺って」
幸子「生産者には一番最後に報告する」
根本「ばかじゃないの！　恥ずかしい。私の想像ですと、去年、失敗しているからな。福島県の米は安全であると安全宣言出したんだな。そのあと、ぼろぼろ出てきたからな。だから国としてはものすごい神経使ってる。何重にも網をかけてね」
雁屋「用心の仕方が間違っていますね」
幸子「ねえ。どこを中心に用心しているんだか、わかんない」
雁屋「採った米が安全だったら、生産者に食べてもいいって、いってもいいのにな」
根本「そうすれば喜びがあるわけな。でも、刈りながら、田んぼさ米を落としていく」
幸子「百姓としては忍びないですよね。テレビで、飯舘かどこかで、収穫した玄米を田んぼにまいている場面を見たときに泣きましたけど、それとおんなじことをやってる」
雁屋「僕はてっきり、試験田をやって安全だったら食べられるものだと思っていました」
幸子「だから、来年、若い人たちに試験田やろうといったときに、お父さん、あんまり皆さんのこと背中押せないよと、私いったの。こんな悲しい思いするなら」
根本「私はやります」
幸子「お父さんはやってもいいけど、若い人にはもう声かけられないねって。皆さん骨折ったんですから」
根本「お金じゃないな。お金ではない。百姓の気持ちはお金じゃない」

こんなに辛い話を聞いたのは、初めてです。
根本さんも幸子夫人も、話しながら涙ぐんでおられました。

『美味しんぼ』第111巻
「福島の真実2」より

雁屋「来年はやりますか」
根本「やります」
幸子「やるならひとりでやってください（笑）。相馬から小高までは遠いんです。私の運転では一時間二十分かかる。一日往復一〇〇キロぐらい」
根本「だから、俺は道楽でやってるから」
雁屋「人類のためにやっているんですよ！」

根本さんは七五歳とは思えないがっしりとした力強い体つき。
顔も気迫に満ちているが、柔和です。

幸子夫人は、優しくて愛情に満ちている。根本さんに対する深い思いが、表情の一つ一つ、言葉のはしはしにあふれ出ます。

こんなに美しいご夫婦を見ることができて、私は大変に豊かな気持ちになりました。

しかし、南相馬の現実を見ると、根本さんがこれからどんなに厳しい戦いを続けなければならないのか、それが私の胸に迫ってきたのです。

この切なさを、何に例えることができるのでしょうか。

高い線量の中で普通の生活を送っていいのか

これまでに、福島各地を回ってきたわけですが（この本には書ききれずに書き残している場所も少なくありません）、回れば回るほど、福島に来る前には予想もしなかった不安感が、最初は漠然とした形でしたが、どんどん明確な形をとって私の心の底に居座るようになったのです。しかも、その不安の形が、各地を回るごとに大きくなるのです。

私はそれまでに、体内被曝による被害、低線量被曝による被害などについて勉強してきていました。私自身が回ってきた場所はまさに、その体内被曝、低線量被曝にさらされている場所ではありませんか。

空間線量でいえば、年間1ミリシーベルトというICRPの基準値を超えるところばかりでした。

私たちは取材の拠点として郡山に何度か宿泊しました。

郡山の空間線量は高いのです。ホテルの室内に入れば、時間当たり、0・1マイクロシーベルト程度になりますが、食事をしにホテルの外に出ると、0・3マイクロシーベルト、0・4マイクロシーベルトの線量の場所が至るところにありました（二〇一二年当時）。

福島市内の線量が高いのにも驚きました。

二〇一一年十一月十二日に福島県庁の前で、0・52マイクロシーベルト、競馬場前で、0・45マイクロシーベルト。福島県庁から歩いて四十分くらい離れた渡利地区では、0・67マイクロシーベルト（これは、全部走っている車の中で測定した値ですから、実際に表に出たらもっと高かったはずです）。

しかも、こんなに高い線量の中で、みんな普通の生活をしているのです。当時の音声記録を聞いてみると、線量計の数値を読み上げる私の声が驚きでうわずっています。

すごい、福島県庁の職員はこんなに線量の高いところに働きに来ているのか。

私には理解できないことでした。

このように、行く先々で線量が年間1ミリシーベルトをはるかに超えるのです。

最初のうちは、ただ驚くばかりでしたが、低線量被曝と内部被曝について勉強を重ねるにつれて、これは簡単な問題ではないことが身にしみてわかってきたのです。

第5章　福島第一原発を見る

福島第一原発を取材して撮った写真を東電は検閲し、わずか40枚しか返さなかった。こちらは、原発の頭脳ともいうべき免震棟の様子

1　「汚染のない」町と「人がいてはいけない」町

料理人・野崎洋光さんのすごさ

二〇一二年十月の末に、私は次女と妻の三人で麻布の和食、特にフグ料理で名高い「とく山」へ行きました。

次女は七歳の時にシドニーに連れられて行ってしまい、三〇歳近いのにまだフグを食べたことがないというので、父親としてこれではならじ、とまだ季節的に少し早いかと思いましたが、「とく山」にお願いしたのです。

「とく山」とはずいぶん長いつきあいです。

葉山の日蔭茶屋の角田庄右衛門さんに連れて来ていただいたのが最初です（残念ながら、角田庄右衛門さんは二〇一〇年に亡くなられました）。

この日も、実に見事なフグを用意して下さっていて、美味しいものが大好きで、自分でも料理をするのが趣味で得意、という次女は初めて食べるフグ料理に、歓声を上げげっぱなしでした。

そこに「分とく山」の野崎洋光《のざきひろみつ》さんが、日本酒を差し入れに来てくれました。

野崎さんは「とく山」の料理長だったのですが、三十年近く前に、すぐ近くのマンションの三階に「とく山」の支店、「分とく山」を開いたのです（分《わけ》、というのは流れを分けるということで支店という意味でしょう）。

マンションの三階に本格的な日本料理の店というのは、まるで隠れ家のように意外性があって楽しいものでした。

「とく山」の頃より野崎さんの個性が十分に発揮されて、たちまち「分とく山」は大人気店となり、とうとう、「とく山」本店より大きな「分とく山」を作ってしまいました。

「分とく山」がそんな人気店になったのも、野崎さんの人柄によるものでしょう。

野崎さんは修業時代からのノートを何冊も持っておられ、あるとき、そのノート全部を見せていただきました。

そのノートは凄かった。

いろいろな料理について、調理法、材料など、細かく記録してあるのです。

それも、ノートを何度も何度もひっくり返して勉強し直したのでしょう、ノート全体がぶかぶかになっていて、表紙にも、中のページにもシミができていました。

野崎さんの修業がどんなに厳しく、どんなに料理に全身全霊を打ち込んできたか、そのノートが物語っています。

生来怠け者の私は、その野崎さんの努力のすごさを思い知らされ、頭が下がりました。成功した料理人によく見られる、傲慢《ごうまん》さ、気むずかしさなど野崎さんとは無縁で、どのお客にも笑顔で親切に接します。

自分の下で働く料理人たちに対しても、偉ぶることがない。

私たちが長年つきあっている横須賀のうなぎ屋の息子さんを野崎さんの元で修業させてくれるように私の姉がお願いしたところ、快く引き受けて下さった。

残念ながら、その息子さんは学生時代に柔道で傷つけた背骨の古傷が悪化して調理場で立ち働くことができなくなって、実家に戻らざるを得なくなりました。しかし彼が野崎さんのお店から離れたあとも、野崎さんは心配して声をかけて下さっているそうです。

マンション時代の「分とく山」で面白かったのは、野崎さんの、階段駆け下りでした。

食事が終わり、お勘定を済ませ、挨拶をして、私たちはエレベーターで玄関まで降りる。すると、いま三階でお別れしたはずの野崎さんが目の前に立っている。驚く私たちに、「お気を付けてお帰り下さい」などという。

最初は本当に驚きました。

勘定を済ませて私たちがエレベーターに向かうと、野﨑さんは調理人独特のあの高下駄で階段を駆け下りるのです。

私には人間わざとは思えません。

次からは、「また、やるかな」と楽しみになります。

初めて連れて行く人には、「出口で驚くことがあるよ」といっておく。そして、エレベーターを降りて玄関に出たところで野﨑さんがいるのを見て、連れて行った人は、あっ、と声を上げて驚く。

野﨑さんは、これを、すべてのお客に対して行ったのです。

マンション時代の「分とく山」に行ったことのある方なら、よくご存じでしょう。そんなところにも、野﨑さんの、お客を徹底的にもてなす、という心意気が表れているのです。

そういう野﨑さんだから、私たちが「とく山」本店にいると知って、極上のお酒を持ってきてくれたのです。

その時ちょっとお話ししたのですが、話の中で野﨑さんは、福島応援のために、しょっちゅう福島に出かけているとおっしゃるのです。

そういえば野﨑さんは福島出身であることを、私は思い出しました。

野﨑さんは、私が福島の取材をしていることを知って、それなら自分の故郷である古殿町《ふるどのまち》に行ってみないかといいます。

福島が放射能汚染されたのは、福島第一原発が爆発したときに噴出した放射性物質が、雲のようになって上空を流れ、たまたまその時に雨や雪が降ったところに、その放射性物質が落下したのが原因です。

しかし、古殿町は風上に山があって、その山のおかげで放射性物質の落下を防げたそうです。

古殿町は福島県石川郡にあり、まさに放射線被害で苦しんでいる「中通り」です（福島県は面積の大きな県で、海沿いの地方が「浜通り」、山間部が「中通り」、そして新潟県に近い地方が「会津」と三つの地域に分かれています）。

「中通り」で放射線被害のない地域というのは初めて聞きました。

日を改めて、もっと細かな話を伺うことにしました。

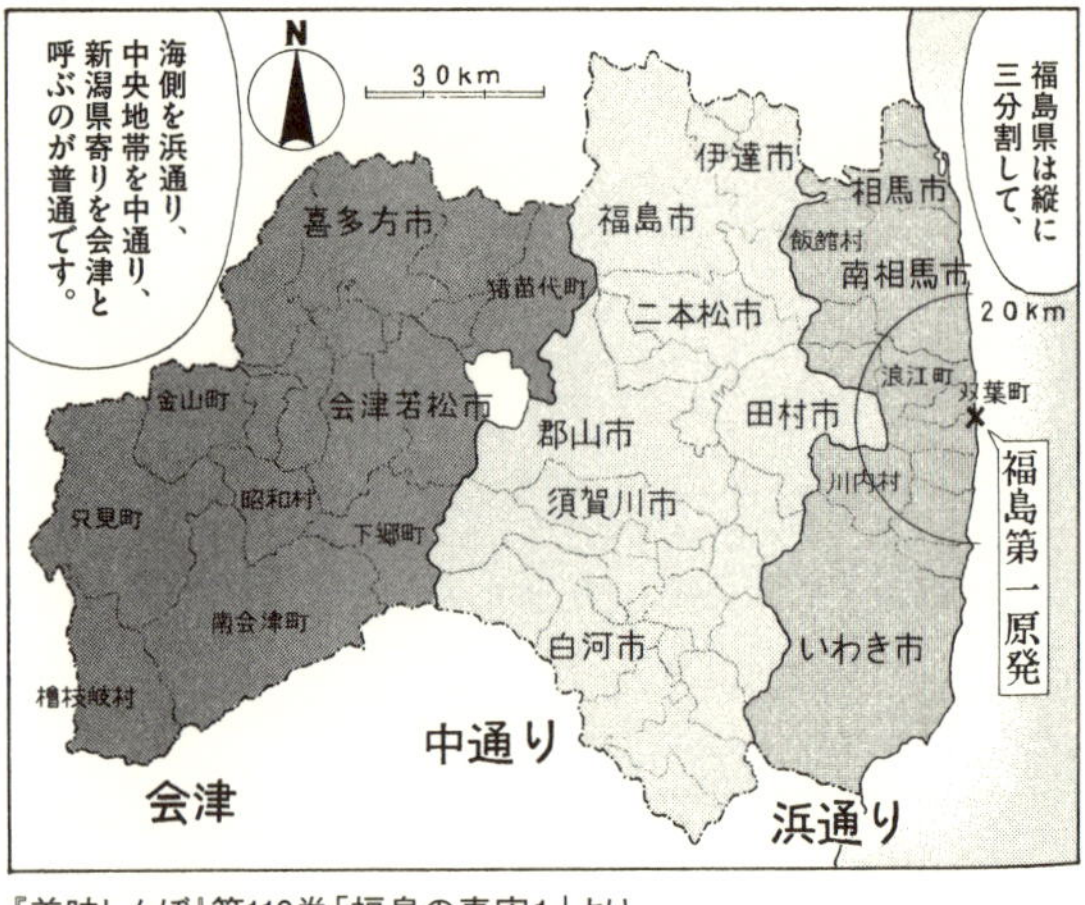

『美味しんぼ』第110巻「福島の真実1」より

野崎さんの原点、ともいうべき古殿町

二〇一二年十一月二日、私は記録係の安井洋子さんとともに、「分とく山」に、お店の営業時間前の午前中に伺いました。

その時、野崎さんから伺ったことを、まとめます。

「古殿町は山間部で、高速道路も鉄道もないので、外部から人が入ってこない。そのため、昔からの文化が残っています。保守的なので、義理堅い人情のところです。

食べるものについては裕福で、山間部なのに、いわき市に近いので、新鮮な魚をふんだんに食べられました。食材が豊富で、その食材に味を付ける必要がないため、醬油《しょうゆ》も薄味なのです」

そこで、私たちは、関東の濃い口醬油、関西の薄口醬油、福島の農家が作った醬油の三種類の味比べをさせられました。

驚いたことに、関西の薄口醬油が一番しょっぱく、次が関東の濃い口醬油、そして福島の農家が作った醬油が一番味が薄かったのです。

野崎さんは、東北地方が濃い味だというのは間違いだ、と主張しました。

野崎さんの話を続けます。

「四十年前に東京の栄養学校に入って、どうして東京の味は濃いのかと尋ねると、お前、田舎

もんのくせに嘘だろうといわれました。中には味の濃い料理もあるが、普段は畑から取ってきた美味しい食材を食べているから、味付けは薄くて済むんです」

古殿町の農産物は本当に豊かなようです。

「一八歳の時に東京の栄養学校に入ったのは、姉の体の具合が悪かったので、栄養学を学べば少しでも姉を助けられると思ったからです。しかし、在学中に姉が亡くなってしまい、姉のためにという理由が失われたので、東京の大きな和食の店で働き始めました。

大きな有名な店でしたが、働いているうちに、自分の求める食とは違う方向を向いているなと、思うようになりました。単に物を作るのではなく、安心安全が第一だと思うようになり、それで自分の方向が決まりました」

料理を学び始めたそもそものきっかけが、自分の姉を助けるため。

それでは、野崎さんの料理の目指す方向が、安心安全に向かうのは当然だったでしょう。その基本は、古殿町の自然の環境、豊かな農産物によって育まれたものなのでしょう。

では、野崎さんは福島の食材ということが常に頭にあったのでしょうか。

「もちろん、郷土心はあります。福島ツアーと名付け、福島の食を食べに人を連れて行っているし、古殿町を中心として、福島の食を保存というか

きちんと検査をして安全なものはどんどん食べていただきたい、食べましょうと、
私は福島の食文化を保存するというか、盛り上げるための活動をしてるんです。

『美味しんぼ』第111巻「福島の真実2」より

盛り上げる活動をしています。

これだけの風評被害にあい、これまで築き上げてきた福島の食文化がゼロになってしまった。ゼロからの出発です。

会津とか私たちの方とか、安全な地域はまだある。そういうところからよその人たちに食べてもらえるように頑張らないといけない。私がそういうところに都会の人たちを連れて行って、現地のものを食べてもらうことで、現地の人たちも自信を持てる、と思うんです」

野﨑さんの、古殿町に対する愛情は深いのです。

「古殿町では米でも何でも一通りのものは採れる。お祭りが多く、集落ごとに集まって自分たちで遊びをしていました。

お婆さんたちは甘いワインを飲みながら寄り合いをしたり、旅行に行ったり、もちろん働くときには働くが、貧しくてぼろぼろになるまで働くというのではなく、お金がなくても生きてこられた。意外と豊かだったんじゃないかと思います。

私が子供の頃には、何でもつ
け
で買えました。うちでもこんにゃくを作って売っていたが、そのお金も暮れになるまでもらわない。自分の家で特別な料理を作ると重箱に詰めて、子供たちにどこそこに持っていきなさいといったり、逆にもらったりするんです。

私の家は人が集まる家でした。祖父は常に日本酒を何本もおいていたし、父は普段は飲まないがお客さんが来れば一緒に飲む。正月になると、親戚も一〇〇人くらい来ていました。私は九人兄弟だったから、普段でも家族が一五人くらいいました。営林署の人や洋裁の先生などもよく泊まる。とにかく人の集まる家だったんです」

本当に、のんびりした、気持ちの良い暮らし方です。

野﨑さんには、その古殿町に対する思いが強い。

それが、野﨑さんの料理というか人間としての基礎であり、原点なのだと私は思いました。

であれば、私はぜひ古殿町を訪ねてみたい。

そういうと、野﨑さんは何と、現在の古殿町の町長は自分の従兄弟だから連絡してみる、といいます。

そして、その場で電話を取って、古殿町長と話をして、私が古殿町を取材に行く段取りをとってくれてしまったのです。

私は勇んで古殿町に向かいました。

実は、今になって思えば、行かなければよかったのか、とも思うのです。

古殿町の郷土料理を味わう

二〇一二年十一月十九日。私たちは、古殿町の郷土料理を取材するために古殿町に行きました。

古殿町は、野崎さんのおっしゃるとおり、汚染は低く、郷土料理を作っていただいた古殿町中央公民館の前の空間線量は、毎時０・08から０・09マイクロシーベルトでした。

それまで、線量の高いところを回ってきたので、救われたような気持ちになりました。

岡部光徳古殿町長にご挨拶をして、中央公民館に行きました。

料理を作って下さったのは、

岡部幸子さん（町長のお姉さま）

岡部イツ子さん（野崎さんのお姉さま）

岡部啓子さん（町長の奥さま）

岡部ヒサ子さん

矢内シツヨさん

矢内優子さん

野崎さんのご親族総出で料理に取りかかって下さったのです。

料理がどんなものだったか、『美味しんぼ　福

『美味しんぼ』第111巻
「福島の真実2」より

島の真実編2』にその様子が詳しく出ているので、興味のある方は、単行本一一一巻をお読み下さい（ここで説明すると、煩瑣《はんさ》になるので）。

当日使った食材は、「餅米《もちごめ》、うるち米は、米の全量全袋検査機で検査し、その他の古殿町産の食材についてはＮａＩシンチレーション検出器（ヨウ化ナトリウムＮａＩを使用した放射線検出器）で検査した」とのことでした。

出汁昆布は北海道産、インゲンは鹿児島産、大葉は茨城産、凍み豆腐は福島市、乾燥椎茸は静岡産、生椎茸は福島県鮫川町、しらすは静岡産。

それ以外の食材はすべて古殿町産のものを使ったとのことでした。


弘法大師を祭る大師講に合わせて十一月に食べる料理「太子講団子」など、いろいろと、まさに郷土料理の醍醐味を味わわせていただきました。

私が『美味しんぼ』の「日本全県味巡り」で各地を回る度に驚き、嬉しくなるのは、郷土の女性たちがその伝統料理を見事に受け継いで、作り上げることです。

町の料理屋、レストラン、ましてやコンビニやスーパーで売っている、いわゆる「お総菜」とは比較にならない、純粋で奥が深く、ふっくらと口の中に広がる豊かな味です。

料理をいただいたあと、岡部町長とお話をしました。

「今日いただいた料理はどれも美味しいものでした」

という言葉に応えて町長がおっしゃったことをまとめます。

「昔ながらの作り方は手間がかかる面もあるし、若い人からすっとお総菜を買ってきてしまえば楽だということで、つくらないほうが多いかもしんない。そうすると、地方のこういう田舎料理は、ばあちゃんなんかがいないと、なかなか食べらんない」

「野﨑さんがいうには結局、こういう田舎料理をベースにした上で、プロはお金をいただくのだからより手間をかける、見栄えをよくするのだと。基本的にはふつうの、うちのほうで食べている食べ物なんだよね」

「古殿町の高齢化率は三一パーセントです。だから、若い人がこういう料理を学ぶ機会は少ないです。それぞれの地域で持ち寄って食べようとか、小さいグループのなかでこういう場を定期的に設けてやろうというのはあります」

まさかの事実

このあと、町長から古殿町の産物の線量について伺いました。また、町役場の方から、当日食べた古殿町の産物の線量を計測した表を見せていただきました。

町長から伺った古殿町の産物の線量の話、町役場の方から見せていただいた線量の計測結果。

それは、野﨑さんがおっしゃった「古殿町は汚染されていない」という言葉とは食い違うものでした。

その食い違いに、私はうろたえました。

『美味しんぼ　福島の真実編2』を読まれた方は私がどのように感じたのか、既におわかりだと思いますが、私は、その時点で、『美味しんぼ』にあのように書くとは決めていませんでした。『美味しんぼ』の原作を書いたのは、二〇一三年になってからです。

古殿町で郷土料理をいただいたのは、二〇一二年の十一月十九日です。

それからも私は福島の取材を続けてきました。その結果、私の心も定まり、実際に原稿を書く段階になって、古殿町のことをどう書くか、決心したのです。

どうして私がそう決心したかは、もう少し後で書きます。

岡部町長は、野﨑さんからの紹介ということで、私たちに大変親切にして下さいました。

岡部町長は、お父上も町長だったという方で、かなり政治力をお持ちの方です。私が「もっと汚染の厳しいところを取材したいのだが、なかなか難しい」というと、当時警戒区域に指定されていて一般の立ち入りを禁止されていた富岡町を見学させてくれるとおっしゃるのです。

岡部町長が富岡町の役場の方に頼んで、富岡町に連れて行ってもらえるように手配して下さるというのです。本当に心からありがたいと思いました。

「マスクを付けない」役場の人たち

二〇一二年十二月十二日、私たちは、岡部町長のご好意で、富岡町の見学をすることができました。

富岡町は当時警戒区域で、一般の人間は立ち入り禁止でしたが、手続きをした上で富岡町の町役場の方と一緒なら入ることができるのです。

当時、富岡町の町役場全体が、郡山に避難して、臨時の町役場を作っていました（私たちは郡山の線量が非常に高いことを、自分たちが持っていった線量計で測って、身をもって知っています。しかし、その郡山に避難せざるを得ないとは、富岡町の線量の高さが想像できます）。

郡山から古殿町まで車で三時間近くかかります。

そこから富岡町まで、さらに二時間近くかかる。それなのに、郡山から、富岡町町役場総務課の主幹兼課長補佐の菅野利行さんと、総務課管財係の堀川新一さんが来て下さいました。

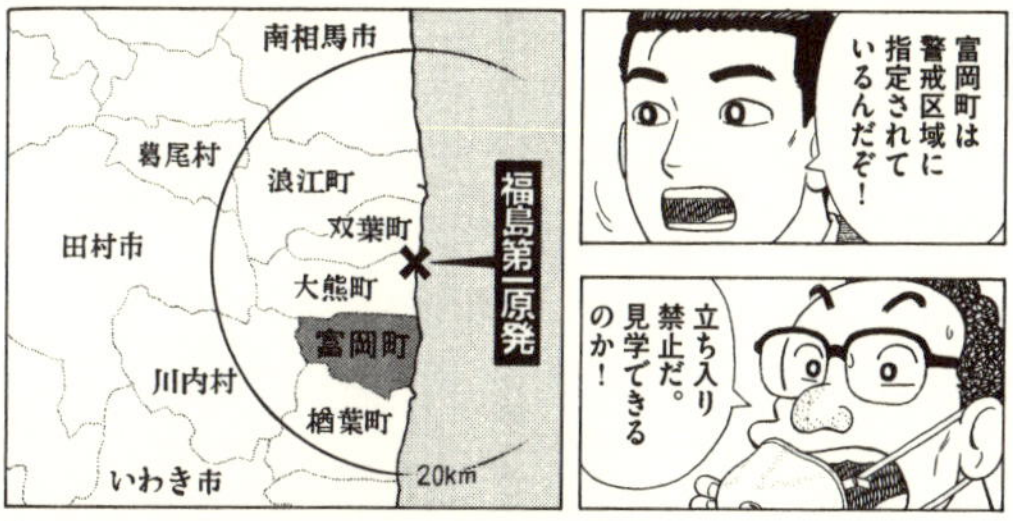

『美味しんぼ』第111巻「福島の真実2」より

私たちは防護服を着、マスクもして、放射線に対する防御態勢を整えました。

『美味しんぼ　福島の真実編2』の富岡町の場面で、萱野さんも堀川さんもマスクをしていますが、あれは画家の花咲アキラさんが、思いやりで掛けさせたのであって、実際は萱野さんも堀川さんも防護服はおろか、マスクも付けないのです。いつものままの服装でした。

富岡町に行ってわかりましたが、大変な放射線線量です。それなのに、防護服を着ず、マスクも付けない。これは、どういうことなのか、心配になりました。

そういえば、飯舘村の村役場に行ったとき、村役場の人が「自分は事故以来マスクなどしたことがない」と誇らしげにいいました。

村の人が安心するように「マスクをしない」のだそうです。

萱野さんたちも、そういう意図があったのか、あるいは慣れてしまったのか、諦めてしまったのか、ここは理解の行かないところでした。

富岡町の取材は防護服を着て、行われた

線量がどんどん上がる「魔の部屋」

富岡町は桜の花の名所です。

今でも、富岡町のホームページを開くと、村一番の桜の名所の三六〇度のパノラマ映像を見ることができます。

しかし、私たちが入ったとき、富岡町は荒涼たるものでした。

役場の中は、地震のために天井は破れ、机の上も床の上も、書類、事務用品、コンピューターなどが散乱して、惨憺《さんたん》たる有様です。

とても使える状態にないので、役場機能は、すぐ近くの文化交流センターの二階に移し、富岡町の災害対策本部にしたのだそうです。

その文化交流センター入り口前の板敷きの上で、毎時４・７マイクロシーベルトの線量を計測しました。

これは途方もない線量で、年間41ミリシーベルトです。人間がいてはいけない場所です。

二〇一一年三月十一日、震災後、町役場は文化交流センターの二階に災害対策本部を構え、町民は、小、中学校に避難していました。

翌十二日、だいぶ危ないとわかって、朝七時過ぎに緊急避難指示を出し、午後三時半に福島第一原発が爆発したため、もう駄目だと思って全員川内村に避難したのだそうです。

災害対策本部だったその部屋には、当時の切迫した雰囲気がそのまま残っていました。

ホワイトボードには避難する以前に災害対策本部が把握していた、死亡者と行方不明者の氏名が書かれていました。

住民がどこに避難しているか、どこが通行止めになっているか、その時点で判明していた各地の被害状況も書き込まれていて、その時の災害対策本部の必死の活動状況がよくわかり、見ていて胸が苦しくなりました。

テーブルの上にも、どこに何人避難しているか書いた紙が何枚も置かれていました。ガスマスク、非常用食料、飲料水なども、あちこちに置かれています。

菅野さんが笑いながら見せてくれた、ファイルがあります。

三センチほどの厚さのファイルの表紙には、「富岡町地域防災計画」と書かれていました。

菅野さんは笑っていいました。

「災害の際にはただちに連絡を取る場所がいくつも指定されているんだけれど、そんなの、あんな大災害の時にはだめだよ。だって、電話なんかつながらないんだから。こんな防災計画は何の役にも立たなかった」

その防災計画を作ったのは町役場です。

だからでしょう、菅野さんは自嘲的に笑っていました。

当時、災害本部内の線量は、0・25でした。その線量を見て、菅野さんはいいました。

「線量がどんどん上がるところに行ってみましょうか」

それはどんなところなのか伺うと、この文化交流センターの視聴覚室、「魔の視聴覚室だ」といいます。

私たちは菅野さんの後に従いました。

廊下を歩いて視聴覚室に近づくにつれて、線量がどんどん上がります。

視聴覚室に入ると、線量は、なんと毎時7・68、8・06マイクロシーベルトという途方もない数値を示します。

視聴覚室のすみの天井が破れています。

放射性物資を含んだ雨水が流れ込んで天井を破ったのだそうです。

その破れ目に近づくと線量はどんどん上がります。

ついに、線量は毎時15・52シーベルトを指しました。

菅野さんが、「ほら、15・52ですよ。すごいでしょう。いや、線量を楽しんでいるわけじゃないんですが」とお

『美味しんぼ』第111巻「福島の真実2」より

っしゃるので、私がつい、「でも、そう見えますが」というと、菅野さんは、辛そうに笑って、「だって、笑うしかないんですもん。泣いたってしようがないから、笑うしかないでしょう」

私はその時の菅野さんの笑顔ほど辛い笑顔を見たことがありません。

「泣くのがいやさに、笑って御座る」という昔の言葉がありますが、私はその言葉を思い出しました。

攻撃的な牛の群れは何を物語るのか

富岡町の中を菅野さんに案内していただきました。

菅野さんのご自宅は新築したばかり、現代的なすてきな造りの家です。中を見せていただきましたが、家具も電気器具も真新しい上等なものばかりです。

菅野さんはただ、ため息をつくばかりでした。

菅野さんのご自宅の前の線量は、2マイクロシーベルトありました。

これでは、居住は難しいでしょう。

富岡町のJR駅舎にも行きました。

ひどく破壊された駅舎に、「富岡」という駅名の表示板が残っているのが無惨でした。

プラットホームから海が近くに見えます。海までは何もありません。

菅野さんによれば、大震災前は駅から海まで家が立ち並んでいたのだそうです。それまでに、青森、岩手、宮城と被災地の様々な姿を見てきましたが、この富岡町の姿は、無惨としかいいようのないもので、心の中に冷たい風が吹き込むような思いがしました。

富岡町で、一番怖かったのは、牛の群れに襲われたことです。かつて肉牛として飼育されていた、いわゆる黒毛和牛の群れです。震災後逃げ出して野生化したのでしょう。

牛は放射線の怖さを知らないから、草をふんだんに食べることができて、元気そうです。飼育されている牛は耳に黄色い札がついています。しかし、何頭かの子牛には耳に札がついていません。菅野さんによれば、震災後逃げ出してから生まれた子牛だから、人の手がかけられておらず、耳に認識用の札もついていないのだそうです。

私たちが牛を見ていると、牛たちも私たちの存在に気がついたようで、全頭私たちの方に視線を向けます。

そのうちの数頭が私たちに向かって走ってきました。

その牛の表情は凄かった。牧場で見る牛とはまるで目つきが違います。闘牛場で見る牛の目つきです。

数頭がこちらに向かってくると他の牛も全頭従って、やってきます。頭を下げて角を突き出し、本気で攻撃する姿勢です。

私は、撮影をしていたカメラマンを慌てて呼び戻し、菅野さんは車を発進させました。

そのとき、先頭の牛は私の窓の近くまで迫っていました。

その表情の恐ろしかったこと。

何が怖かったといって、その目つきです。いわゆる、完全に行ってしまっている、という目です。闘牛士の味わう恐怖がどんなものかわかりました。

こんな体験は初めてです。

柔和なはずの牛がどうしてこんなに凶暴に攻撃的になったのでしょうか。

人間の飼育から自由になって、野生を取り戻したのだ、といえば良い理屈付けになりますが、一万年以上も人間に家畜として飼われてきた家牛は、一年や二年でいきなりアフリカのバッファローのようにはなりません。

『美味しんぼ』第111巻「福島の真実2」より

私は一つの牧場の大きさが富岡町自体の数十倍以上あるオーストラリアの牧場で、自由に生きている牛をたくさん見てきています。

オーストラリアの牧場では人は牛の健康状態を気にかけこそすれ、牛が食べられる大きさになるまで、全く手をかけません。

富岡町で私が会った牛たちよりはるかに野生です。そんな自由な環境にいても、牛は攻撃的にはなりません。

富岡町の牛はどうしてしまったのか。

こちらから、何を仕掛けたわけでもないのに、突然牛の方から攻撃してくるとは、信じられないことでした。

本当に怖い思いをしました。

菅野さんによると、自動車と牛が衝突する事故も多いそうです。

今まで訪ねてきた青森、岩手、宮城の被災地と違って、富岡町は、福島第一原発のすぐ近くで、震災による被害もさることながら、放射能汚染による被害が、途方もなく大きいことを知りました。

他県の被災地とはその被災の意味が全く違う。

他県の被災地は復興の努力のしようがあります。

しかし、福島第一原発のすぐ足元で、その原発自体まだ危険な状態が続いている中で、どのようにして復興すればよいというのでしょうか。

富岡町を見学させていただいて、福島の被災とはどんなものか、福島の被災の本質は何なのか、それを骨の髄までしみこんで理解することができました。

2　福島第一原発の実態

命がけで仕事を続ける作業員たち

二〇一三年四月五日。

私たちは、福島第一原発を見学しました。

二〇一二年十二月に、古殿町の岡部町長のご尽力で富岡町を訪ねることができたのは、前に書いたとおりですが、その際に、もし可能なら、福島第一原発を見学できるようにお力を貸して下さるようお願いしました。

ちょっと無理なお願いかと思いました。

ところが、二〇一三年の三月になって、岡部町長から「福島第一原発の見学ができるように取りはからった」というお知らせをいただいたのです。

大きなマスコミならともかく、一介の漫画原作者が福島第一原発を見学できるなどということは、あり得ないことです。

福島第一原発を見学できたのは、岡部町長と野崎さんのおかげです。

しかし、私はお二人の好意を裏切るようなことを書いてしまうのです。ただその件はあとにして、福島第一原発の見学について書きます。


当日は、岡部町長も同行していただき、まず、Jヴィレッジに行きました。

Jヴィレッジは皆さんご存じの通り、東電が主になって出資して一九九七年に開設されたスポーツ施設で、大震災前はJリーグだけでなく、ラグビー、アメリカン・フットボール、卓球、バスケットボールなど様々なスポーツ団体が合宿などに使い、一般の来場者も自由に使える充実した施設でした。

大震災後、施設は国に移管され、福島第一原発の事故に対応するための基地となりました。

私たちがJヴィレッジに到着したとき、その入り口の大きな窓ガラスいっぱいに、サッカー・ワールドカップ南アフリカ大会の日本代表選手の写真が貼られていました。

大好きな遠藤保仁、ボマー・中澤佑二、天才・中村俊輔の英姿を見て私は思わず興奮してしまい、同行の安井敏雄カメラマンにたしなめられました。

そこで東電の方たちにお会いして、次に福島第一原発内の「免震重要棟」に向かい、福島第一原発の所長高橋毅さんにもお会いしました。現在の福島第一原発を管理する頭脳というべきその免震棟の内部を見学し、さらに用意していただいたバスに乗って原発敷地内を見学させていただきました。

バスに乗ったのは、岡部町長、私、安井敏雄カメラマン、それに東電の職員の方たち五人ほどだけです。

その辺のことは、ここに書くと内部の状況などの説明が複雑で長くなりますので、『美味しんぼ』第一一一巻「福島の真実編２」をご覧になって下さい。

見学させていただいた経路は下の図をご覧下さい。

ここでは、原発敷地内を見学した感想だけを書きます。

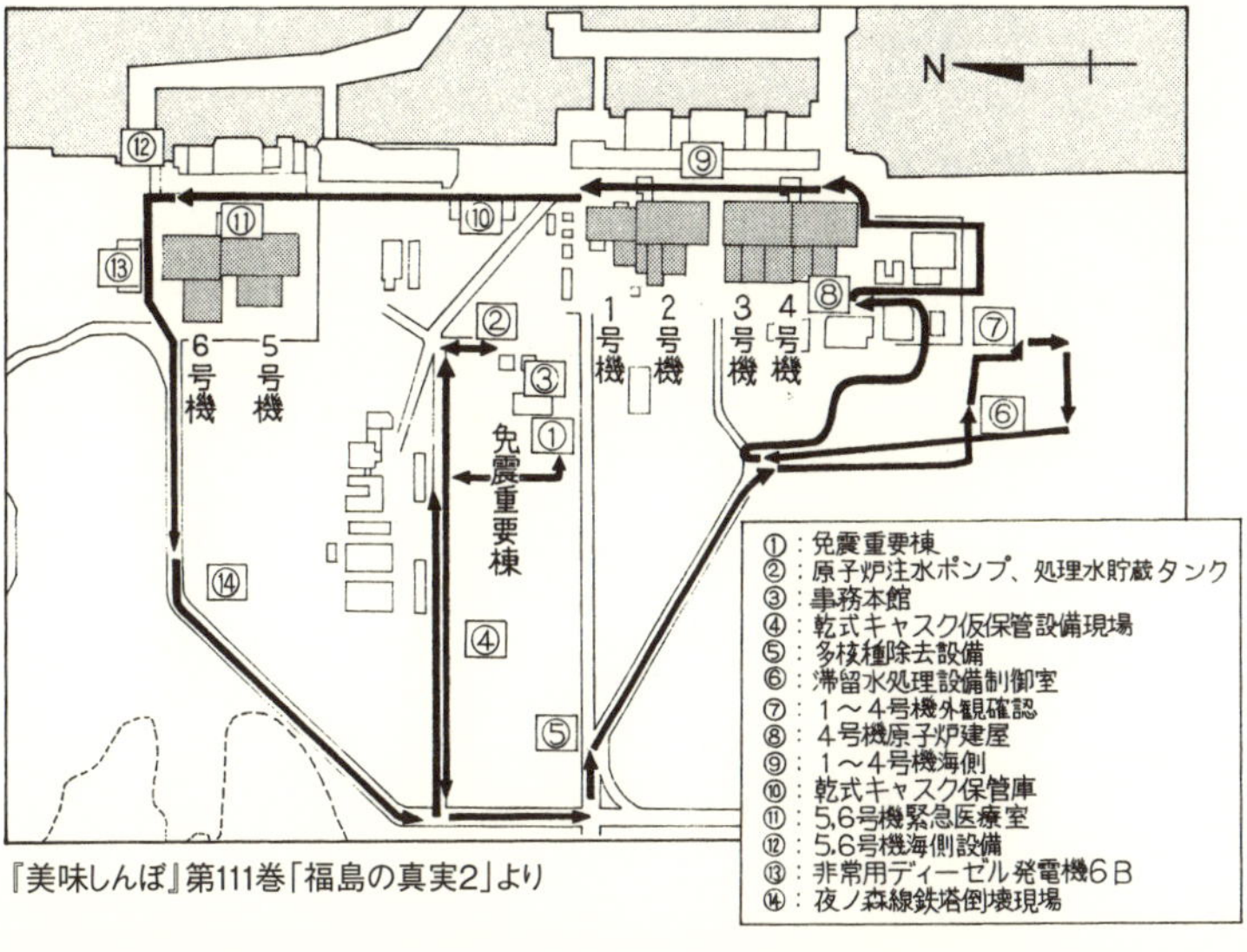

『美味しんぼ』第111巻「福島の真実2」より

私が一番心を打たれたのは、大勢の人々が、原発が安全にこのまま収まるために力を尽くしていることでした。

東電の職員の方たちを始め、作業員の方たちが、私から見れば献身的と思える仕事をされていることに、深い感銘を受けました。

ただ「ありがたい」としか、原発で働いている方たちにいう言葉はありません。

私は見学を終えて、帰る際に、高橋所長にも申し上げました。

「皆様の懸命なご努力、命がけの仕事ぶりに心から感銘を受けました」と。

あまりに安易な、汚染水タンク

だが、原発敷地内を見て、一番強く感じたことは、すべてが「応急処置」にしか過ぎないということです。

それを一番感じたのは汚染水の問題でした。

私が敷地内に入って一番最初に驚いたのは、すさまじい数の汚染水保存タンクでした。

一号機から三号機まで、圧力容器から解け落ちた核燃料は、二〇一四年十二月現在でもどこにあるのかわからない。

その燃料が再び爆発しないために海水をかけて冷やし続けるしかない。

原子炉にかけた水は放射能に汚染される。そこに、地下水が流れ込む。こうして、一日に四〇〇トンもの汚染水がたまる。それを、汚染水タンクに移す。私が原発敷地内に入って、まず驚いたのが、汚染水タンクの数でした。敷地内を埋めて、といってもいいすぎでないほど、汚染水タンクが並んでいるのです。その数は何百本あったのでしょうか。

二〇一四年三月十日の共同通信によれば、二〇一四年二月末時点で一〇九五基、保管されている高濃度汚染水は三七万八〇〇〇トンだそうです。

その汚染水タンクは、東電の発表した映像を見ると、鋼板をボルトで締めて鋼板の間に水漏れを防ぐパッキングを入れる形になっています。

あまりに安易な作りです。

このタンクの作成を請負った会社の社長は、「寿命は二、三年の簡易型のものだ」といっています。しかもそのタンクを、基礎も何も打たず、コンクリートの地面の上に置いてあるだけです。これはあまりに、安易を通り越していい加減なのではありませんか。

二〇一三年九月七日、安倍首相はＩＯＣ総会で、東京にオリンピックを招致する目的で、福島第一原発による放射能汚染は心配ないと強調し、汚染水問題に対して出された質問について、「結論から申し上げれば、全く問題ないということであります。汚染水による影響は、福島第一原発の港湾内の〇・三平方キロメートル範囲内で完全にブロックされています」と答えました。

しかし、十月になって、東電は安倍首相の演説以前の八月二十日、福島第一原発の貯蔵タンクから、ストロンチウムなどのベータ一線を出す放射性物質を最大一リットル当たり８０００万ベクレル、ストロンチウムを同14万６０００ベクレル含む高濃度放射能汚染水が推計三〇〇トン漏出していたと発表しました。

ベータ一線は遠くまで飛ばないから心配ないといいますが、ストロンチウムが体内に入ったら大変です。

だが、この件は、二〇一三年十月に東電が発表したより実際はもっと深刻だったようです。

『知恵蔵２０１４』によれば、

「**二〇一三年に地下貯水槽及び地上タンクから数百トンの汚染水が漏れ出ていることが発覚。二〇一一年に起きた国際原子力事象評価尺度（ＩＮＥＳ）レベル７（最悪）の原子炉本体の事故に加え、本件もレベル3の重大な異常事象となった。垂れ流された放射性物質は大量で、放射線量は数十兆ベクレルに上る**」

ということです。

京都大学の小出裕章氏によれば、「広島の原爆の放出した放射能は24兆ベクレル」ということです。東電は、広島原爆の全放射能以上の量の放射能を海に垂れ流していたのです。安倍首相が、演説をする前にです。安倍首相はＩＯＣ総会で、世界に向けて、嘘をついたのです。

こんな嘘は「風評」どころではないでしょう。

それとも、福島について嘘でも安全だといえば、マスコミはそんな嘘を「風評被害」ではなく、「風評利益」として褒《ほ》めたたえるのでしょうか。

あんな、鋼板をボルトで締めただけの簡易型のタンクが漏れないわけがないでしょう。

地面の底にビニールシートを敷いた貯水槽

私は以前東電の発表した画像で、タンクに汚染水を運ぶホースが何十本もうねうねと地面を這《は》っているのを見て驚きましたが、そのホースの材質を知ってさらに驚きました。

放射線に耐える特別の材質ではなく、そこらの建材屋で売っている普通のホースなのです。

私たちは敷地内を回る間に、新品のホース置き場を通りました。

そこで、バスの窓からですがホースの断面も確かめることができました。

なぜか表面に縦の筋が入った、直径が一五センチくらいで、肉厚が三センチもないような何の変哲もないビニールホースでした。

以前、地面に直《じか》に置かれたそのホースを雑草が突き抜けて上まで出てしまっている写真を見てたまげましたが、「ああ、これなら雑草が突き抜けるだろうな」と思わせるような、柔《やわ》な材質に見えました。

こんなホースで汚染水を移動させているとは信じられません。

さらに、これはあとで知ったことですが、私たちが敷地内を見学したその日に、福島第一原発では事故が起こっていました。

私たちが原発に入った直後、地面に掘った汚染水をためる地下貯水槽七基が水漏れしていることがわかって、その中の汚染水をタンクに移しました。

その地下貯水槽なるものはどんなものだったか。

地面に穴を掘ってその穴の表面をビニールシートで覆ってそこに汚染水をためるというものでした。ところが、そこに使われたビニールシートが一般用に使われているもので、放射線に対して特別に対策を施したものではなく、しかも、シートとシートの継ぎ目から水が漏れたのです。それで、その地下貯水槽は使用中止になりました。

地面に穴を掘って底にビニールシートを敷いて貯水槽とする、とはまるでボーイ・スカウトの野外活動ではありませんか。

ボルトで締めただけの汚染水タンクや、地面に穴を掘って作る貯水槽など、福島第一原発で働いている技術者が自ら考えたものではないと私は思います。

現場の厳しい状況を知っていれば、そんな安易なものを作ったらかえって危険だということはわかります。

しかし、東電の幹部たちは戦前の陸軍大本営の将校たちのように、机上で立てた計画、金をけちる計画をたて、福島第一原発の職員たちはそれに従うしかなかったのでしょう。

私は、福島第一原発で働いている方たちが献身的に作業している姿に「深い感銘を受けた」と書きました。

しかし、その方たちは、現場知らずで金おしみの東電の上層部が作った、こんな安易な計画の下で自分の身を犠牲にして働いているのです。

私は福島第一原発の職員の皆さんたちに対して、いう言葉が見つからないのです。

「感銘を受けた」などと、職員の皆さんのこの働きに対して、あまりに軽い言葉ではありませんか。

何もかも「応急処置」でしかない

汚染水は切羽詰まった問題だと思います。

二〇一四年も秋になって、ようやく東電は溶接して作った汚染水タンクを敷地内に運び始めたそうです。

福島第一原発は廃炉が完了するまで四十年かかるそうです。その四十年間に、一日に四〇〇トンも増えていく汚染水を、何事もなく処理していけるのでしょうか。

大量に汚染水が漏れたら、敷地内に人が入れません。

それでは、廃炉にする作業どころか、冷却する作業すらできなくなるのではないでしょうか。

そうなったら、福島第一原発の破局どころか、日本の破局になります。

他にも、福島第一原発は大きな問題を抱えています。

一号機から三号機まで、メルトスルーした核燃料が、今どこにあるのかわかりません。核燃料がどこにあるかわからずに廃炉作業はできません。四号機の、使用済み核燃料を別の保管装置に移す作業は二〇一四年中に終了するということです。どうやら四号機にあのままの姿で残っていて、場合によっては崩壊する恐れがあるという危機は避けられたようですが、それをどこに保管するかがまた問題でしょう。

しかも、一号機から三号機までにも、使用済み核燃料が存在し、それの幾つかは取り出すことが難しいくらい破損していることが明らかになりました。

これらは、四号機のようにむき出しでみんなの目に触れるということがなく、カバーに覆われているため、世間的な注意を隠蔽してこれたのですが、実際の危険度は、四号機の使用済み燃料が崩壊した場合と同じかそれ以上でしょう。

そのようないろいろな問題は、様々な情報源から知っていましたが、実際に福島第一原発の敷地内に入ってみて、「これは、何もかも応急処置でしかない」と思ったことが、私には決定的でした。

（私が実際に福島第一原発に入ったのは二〇一三年四月、この本を書いているのは二〇一四年十二月。情報的に後づけのものもありますが、問題の本質については何も変わりはないと思います。それどころか、先に書いたように、二〇一四年八月に、毎日80億ベクレルの汚染水を流していることを東電は認めたのです。残念ながら私の直感は間違っていなかったのです。）

福島で今に至るまで一番被害が大きいのは、放射能汚染です。

その放射能汚染の根源こそ、福島第一原発ではありませんか。

今回の「鼻血」問題で、私を非難した福島の人たちのどれだけが、福島第一原発に入って、その中の実状をご覧になったのでしょうか。

私は福島県の一般の人たちで、福島第一原発に入った方たちはほとんどいないと思いますし、その中でどんなことが行われているのかご覧になっても、安倍首相自身が福島第一原発を視察したあとのあの言葉を信じてしまうのではないかと思います。

安倍首相はいいました。

「**福島第一原発は安全であり、何も問題はない**」

それでは、私がここに書いたことは、偏ったものの見方をする人間の書いた、偏った報告に過ぎない、と思われる方も多いのではないでしょうか。

私が書いたことをどのように受け取るか、それはその方たちの人生観や生きる上の立場によるでしょうが、私の本心は、私が今生きていられるこの社会を守りたい、家族を守りたい、ということです。

私は自分第一、家族第一の人間です。

私が、『美味しんぼ』で環境破壊などに危機感を込めたものを書いたのも、私自身、ひいてはこの日本という社会を守りたいという一心からです。

福島の方たちも私と同じ心を持っていると思います。

それなのに、今の生活に一番大きな影響を及ぼすことを、福島の皆さんはよくご存じないのではないかと思います。

いや、そうではない、いろいろと福島を見て歩いてわかったことは、この**福島の真実を語ることはタブーになっている**、ということです。

福島が抱えている危険について語ると、たちまち、福島では生きていけなくなるほどの排撃を受ける、という事実を数多く知りました。

福島には何の問題もなく、健康に生きていけるのだ、という人たちが褒めたたえられ、逆に福島についての不安感を述べると、「裏切り者、頭がおかしい」と非難されることも知りました。だから福島の皆さんはご存じないのではなく、「**知らないように仕向けられている**」と私は感じたのです。

では、地域のしがらみのない私こそ、自分の見たことを正直に語らなければならないのではないか、と思いました。

福島第一原発の敷地内に入って、その実状をこの目で確かめたことで、私は『美味しんぼ福島の真実編』をどんな形でまとめるか、その決心が固まったのです。

それ以前に、さまざまな放射線被害の様子を見てきました。

霊山《りょうぜん》・小国《おぐに》、東和、南相馬で根本さんなど農業に携わっている方たちの苦悩も見てきましたが、その現状に対して『美味しんぼ　福島の真実編』はどう対処するべきか、その方向が福島第一原発に入ってみることで決まりました。

すべての問題が指し示す方向は福島第一原発だったのです。

考えてみれば、これは当然のことです。

今福島が苦しんでいる災厄のすべての元が福島第一原発なのだから、その実状を無視して話をしても意味がありません。

私が、どうして『美味しんぼ　福島の真実編2』で鼻血を始め、福島の人たちに反発を買うようなことを書き、野崎さん、古殿町《ふるどのまち》の岡部町長のご恩を裏切るようなことを書いたか。それについて、きちんと述べたいと思います。

しかし、その前に、重要なこと、「内部被曝の被害」と「低線量被曝の被害」について語らなければなりません。

第6章　内部被曝と低線量被曝について

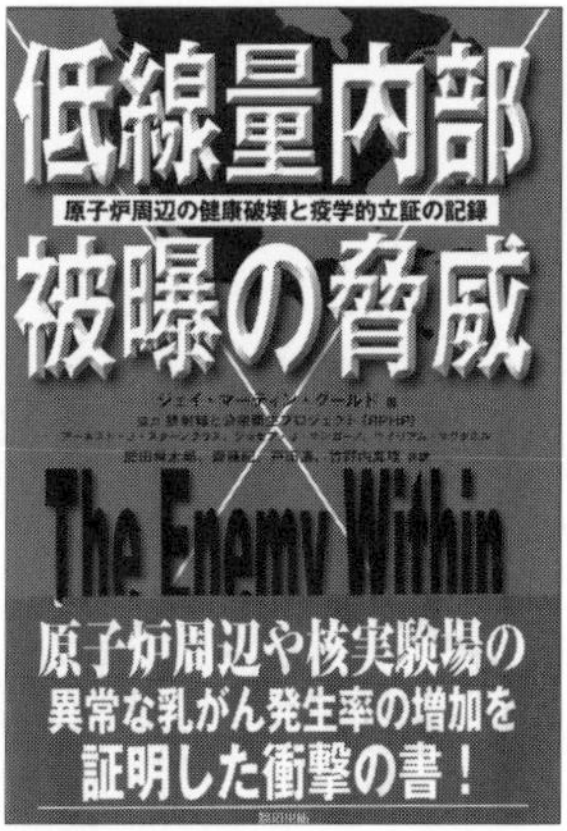

低線量被曝の脅威を理解するのに、必読ともいうべき2冊。この問題に警鐘を鳴らし続けてきた肥田舜太郎先生が翻訳に関わっている

1　内部被曝の安全基準は果たして正しいのか

肥田舜太郎先生の重い言葉

私は『美味しんぼ　福島の真実編2』の鼻血の場面が問題になったときに、肥田《ひだ》舜《しゅん》太郎《たろう》先生から『スピリッツ』誌にお寄せいただいた言葉を忘れることはありません。

肥田舜太郎先生は、東北大震災が起こるはるか以前から、「ぶらぶら病」など内部被曝と、低線量被曝の影響について警鐘を鳴らしておられました。

先生が『スピリッツ』誌にお寄せくださった言葉の最後の部分を抜粋します。

「私は古い人間ですから漫画はなじめませんが、たくさんの人に何かを伝えるには有効な媒体でしょう。ただ、放射線による人体への影響のような専門的なことを、短いセリフと絵で伝えてしまうと、基本的な知識のない読者は自分の好きに判断してしまいかねません。この漫画を通じて得た先入観を持ったまま、放射線とはこういうものだと自分で決めてしまい、それ以上のことを追究しようとしないわけです。ですから、人間の命に関係するものを出版される以上は、読者がその奥へ迫れるようなものを重ねて出版するべきだと思います」

たしかに、漫画のあの場面だけでは、読者は放射線についての理解を十分に得られなかったことと思います。肥田先生の

「読者がその奥へ迫れるようなものを重ねて出版するべきだと思います」

という言葉を私は重く受け止めました。

だから、私は、この本を書いているのです。

肥田先生のご要望に少しでも応えられたらと願っているのです。

ただ、学問的にいえば肥田先生と私の差は大きすぎます。

私は大学で物理学を学んだといっても、量子力学です。

卒業研究は、フォトン（光子）とフォノン（音子。音は空気を媒体とした縦波ですが、光は波であると同時に粒子としての振る舞いをする。それと同じで、音波も量子力学的には、粒子として扱えるだろうということです）のインタラクション（相互作用）を量子力学的に解析するというものです。量子力学ですから結局は数学の問題になってしまい、放射線については全く学びませんでした（私は学者として最低限必要な大学院進学をしていません）。

ましてや、放射線の人体に与える影響については全く無知で、福島第一原発の事故以来、大慌てでいろいろ本を買いあさり、ネット上の様々な議論を読み、少しでも人体に対する放射線の影響を理解できるように、一所懸命務めているのです。

所詮《しょせん》はにわか勉強で付け焼き刃です。

それでも、内部被曝とか低線量被曝について、福島の人たちにどうしても知っていただきたいことだけは、押さえたと思います。

私のいうことは私が勉強させていただいた先生方の論の受け売りですが、受け売りを私は恥じません。私自身は学者ではないのですから。

私が何人もの先生方から学んだことは、今の福島の人たちにはどうしても知っておいていただきたいと思うことばかりです。福島応援団として意気込んで福島にやってきた私が、どうして福島の人たちに反発を食らうようなことをいうようになったのか、それは福島の実態を見ながら、同時に、このような勉強を続けて行ってきたからです。

(そういうわけですから、私がこれから内部被曝について語ることは、その大元は、放射線と人体について長い間研究してこられた先生方の意見の私なりの集約です。)

と前置きして、内部被曝について語ります。

一過性で済まないのが「内部被曝」

普通我々は、放射線というと、「今ここは、何マイクロシーベルト」などと、その場所の線量を気にします。

自分の体の外部からの放射線被害を考えるときに、線量計の数字は、その被害の程度を予測するのにわかりやすいものです。

一方、体内からの放射線被曝は気にはなるのですが、測定しづらいのでなかなか明確には捉えることが難しいのです。

では、体内からの放射線被曝、内部被曝とは何なのか。

それは、体の中に放射性物質を取り込んでしまったために、その放射性物質の放射する放射線を自分自身の体の中で受けることです。

体外からの放射線被害も問題ですが、体内に取り込んでしまった放射性物質からの放射線被害はもっと深刻なものがあります。

体外から受ける放射性物質からの放射線被害は一過性のものです。

強烈な放射線に曝《さら》されればもちろん被害を受けます。

しかし、体外の放射線源がなくなる、あるいは放射線源から遠ざかれば、体に残る被害は自分が放射線源に近い間にいた時に受けたものしか残りません（深刻な被害か、軽いものであるかは別として）。

しかし、体内に放射性物質を取り込んでしまって、しかもそれがなかなか体外に出ない場合、放射線被害は、その放射性物質が体内にある限り続きます。一過性のものではないのです。

なぜなら、放射線源が自分の体の中にあるからです。

体内に取り込んでしまった放射線源から、長い間放射線被害を受け続けるのです。

それが、体内被曝の恐ろしさだし、被害の大きさです。

そして、何より恐ろしいのは、人々はその恐ろしさを知らないばかりに、いや、これははっきりいいますが、国が敢えて教えようとしないばかりに、体内被曝が自分たちを侵し続けていることに全然関心を払っていないのです。

私が福島を回ってみて、痛切に感じたことがそれです。

「作物の放射線が国の基準値の一キログラム当たり１００ベクレルまで下がって良かったね。これで安心だ」

それが、私がお会いした福島のほとんどの人たちの態度でした。

米でも野菜でも、一キログラム当たり１００ベクレルという国の基準を満たしたから、これで安心だ、と九九パーセントの方がおっしゃっていました。

その一キログラム当たり１００ベクレルのものを食べても本当に安全なのか、考えようとしない。一キログラム当たり１００ベクレルの放射性物質を体内に取り込むことがどんなことを意味するのか考えない。

ほとんどの人が、**国の基準値を満たしていれば安全だと信じている、あるいは信じたいと思っている**、と私は感じました。

ベータ線の測定に国が乗り出さないのはなぜか

私が二〇一一年から二〇一三年まで、福島を回って、多くの福島の放射線汚染についての問題を伺ってきましたが、その間に内部被曝の問題を持ち出した人は、たった一人だけでした。福島の人たちは、内部被曝について考えたこともないのではないか、あるいは、考えないようにしているのか、そのどちらかだと思います。

体内に放射性物質を取り込む経路としては、食べ物によって消化器経由で取り込むのと、呼吸によって鼻腔《びこう》、喉《のど》、気管、肺経由で取り込むのと、この二つが主なものでしょう。

手や体が放射性物質に接触することで体内に取り込むこともありますが、ここでは、簡単にするために、呼吸によるものと飲食によるものの二つの場合に絞ります。

まず呼吸による放射性物質の体内取り込みを考えます。

第三章にも書きましたが、福島を汚染しているのは、福島第一原発が爆発したときに放出された放射性微粒子です。

この放射性微粒子は様々な場所にあります。

地面に落下している物の場合、その地面を掘り起こしたり、歩いたり、走ったりすることで土埃《つちぼこり》をかきたてれば、土埃と一緒に舞い上がり、それを呼吸するときに吸い込みます。

空中を浮遊している物もあります。

そういう放射性微粒子を吸い込んだ場合、鼻腔、喉、気管、肺の粘膜に放射性微粒子は付着します。

放射性微粒子は直径が二～三マイクロメートルほどの極めて小さいものです。

我々が通常線量計で測定しているのはガンマー線です。

セシウムはベーター線も出しますが、ベーター線は原子から放出されるときに与えられたエネルギーによって、飛距離が違います（この辺の核物理学は面倒なので省略します）。セシウム１３７のベーター線が、最大のエネルギーを与えられたときの飛距離が、大体四メートル。平均的にはとてもその最大値に及ばず、一メートルから一・五メートル以内に留まるし、電磁波であるガンマー線と違って電子の流れなので、測定しづらいのでしょうか、普及型の線量計でベーター線を測定できるものは滅多にありません。

そのせいであまりベーター線については真剣に考えられていませんが、体内に入った場合非常に厄介であることは、第三章に書いたとおりです。

セシウムはガンマー線を大量に放出しますが、ベーター線も放出します。

第三章の、私が鼻血を出した理由について、思い出して下さい。

私は国がベーター線について、何一ついわないのは大きな問題だと思います。

国が一般的に使うように推奨している線量計は、ガンマー線しか計れません。ベーター線を考慮に入れたくないのです。

私は、ベーター線について国が口を閉ざしているのは、ベーター線の線量まで発表したら、原発推進の国の方針を保てなくなるからだと思います。

邪推かもしれませんが、国は現在の福島の状態を安全だと主張したいばかりに、ベーター線を測らないように指導しているのではないでしょうか。

そもそも、国の推奨しているシンチレーション方式の線量計ではガンマー線しか測れません。

ベーター線の内部被曝の影響の強さを考えると、ベーター線もきちんと測定するべきです。

「紙一枚で止まる」アルファー線の怖さ

福島第一原発の爆発でその放出が文科省によって確認されたプルトニウムは、アルファー線を放出します。

アルファー線はヘリウムの原子核の流れで、空気中では数センチメートル、体内では四〇マイクロメートルしか飛びません。

しかも、空気中では紙一枚で止めてしまえるほど、透過力は弱いのです。

ただし、透過力と放射能の人体に与える影響とは違いがあります。

もちろん、X線やガンマー線のような電磁波は人体の細胞を損ないます。ガンマー線による人体の被害は大きなものです。

しかし、ガンマー線のような電磁波は、人体に被害を与えたあと、突き抜けて行ってしまうのです。

ということは自分の持っているエネルギーのすべてを人体に残すということはしません。

よく、アルファー線、ベーター線、ガンマー線について説明する画像をネットで見ますが、それを見ると、アルファー線は「紙一枚で止まる」となっています。

それを見た人たちは、紙一枚で止まるならアルファー線は何でもないんだ、と思ってしまうようです。

それはとんでもない思い違いです。誤解を恐れずにいいますが、アルファー線は紙一枚に出会っただけで、その紙に自分のすべてのエネルギーを使い果たすから、それから先に飛んでいけないのです。

アルファー線、ベーター線、ガンマー線、それぞれにその成り立ちが違い、性質が違います。放射能、と一口にいっていますが、実状は大きく違うのです。

この辺のことは原子核物理学を使えば簡単なのですが、その説明は厄介なので、今回はやめておきます。

放射線はなぜ怖いのか、そのメカニズム

では、放射線が人体に与える被害とは何なのでしょう。

人間の体は何兆個もの細胞によって作られています。

その人体を作る細胞に異常があると、この精密機械である人体は変調をきたすのです。

放射線の被害とは、その人体の細胞を傷つけることです。

放射線が細胞を傷つけるのには、二通りあります。

①ＤＮＡを傷つける。

②細胞膜を傷つける。

そして放射線がＤＮＡや細胞膜を傷つけるのは、ＤＮＡや細胞膜を作る分子の構造を傷つけるからです。

分子とは何か。

図式的に、たとえ話になって恐縮ですが、私とあなたが手を結んでいる状態を、私という原子と、あなたという原子が結びついた「分子」と考えて下さい。

私とあなたは大変仲がよく、分子としていつまでも手を繋《つな》いでいたい。

しかし、そこに凶暴な人間が私とあなたに襲いかかってきて、私とあなたが繋いでいる手を無理矢理引き離す。

それで、私とあなたとの関係が壊れてしまう。私とあなたとで作ってきた分子が壊れてしまう。

それが、放射線が分子間の原子と原子の結びつきを破壊する図式です。

もう少し科学的にいえば、放射線は人間の体内にある分子の原子間の結びつきを破壊して、人体の細胞を形作る分子を破壊するから、人体に影響を与えるのです。

傷ついたDNAが修復される、と唱える専門家

分子は、それぞれの分子を形作る原子の結びつきによって作られています。

原子同士の結合には、結合の仕方によってイオン結合、共有結合がありますが、いずれにせよ分子を形作る原子間の結びつきは、電子を媒介にしています。電子によって、分子は形作られているのです。電子の存在は決定的です。

その原子同士を結びつけている電子を放射線がはじき飛ばす、あるいは奪ってしまうため、分子の構造が成り立たなくなり、分子が崩壊してしまうのです。

その電子をはじき飛ばしたり、自分のものにしたりして、分子構造を破壊する作用を「電離作用」といいます。

放射線が生物に与える一番の害は、放射線の持つ分子の電離作用によるものです。

放射線によってDNAが損傷を受けたらどうなるでしょうか。

理化学研究所の泉雅子氏は、ネットに掲載した「放射線によるDNA損傷と細胞応答」の中で、次のように書いています（以下、要約して引用します）。

細胞は、DNAの損傷の修復機構に加えて（DNAは二重らせん構造になっていて、二本の

ＤＮＡが二本とも損傷を受けることは重篤です――引用者注）、生体をＤＮＡ損傷から積極的に防御するためのチェックポイント機構を備えている。

ＤＮＡが二本とも損傷を受けたときには、そのチェックポイント機構が働き、

①ＤＮＡ修復タンパク質を活性化し↓ＤＮＡを修復し↓《正しい遺伝情報を維持する》。

②細胞周期制御因子を不活性化し↓細胞周期・細胞分裂を停止させ↓《誤った遺伝情報の伝達を防止する》。

③ＤＮＡの損傷の量が多いとき↓積極的な細胞死を誘導し↓《ガン化する可能性のある細胞を排除する》。

これでは、放射線による遺伝子の異常は起こらないことになります。

ＩＣＲＰでさえ、放射線によってガンが起こることを認めているのに、氏のこの説では、放射線によってガンは絶対起こりません。

ましてや、ＤＮＡの損傷による疾病や遺伝障害など起こるはずもありません。

氏は文書の中に、３グレイのＸ線を照射してＤＮＡが二本損傷しても、修復したという写真を載せています。

１グレイは１シーベルトと同等に考えてもかまいません。

日本の放射線基準値は年間1ミリシーベルトです。その三〇〇〇倍のX線を照射してもDNAは修復されると氏はいっているわけです。

当然、氏のここでの議論は3シーベルトという、日本の安全基準をはるかに超えた線量での話なので、年間20ミリシーベルトなど問題にするなということになります。

氏は、最後にこう書いています。

福島第一原子力発電所事故以来、放射線の危険性に関する国民の関心が高まっているが、放射線の生物影響に関して本質的な理解が広まっているとはいい難く、目に見えない放射線に対して計り知れない不安を抱いている人も少なくない。放射線取扱主任者をはじめとする専門家は、国民に正しい情報をわかりやすく提供しその理解を助けることが求められており、本稿がその一助となれば幸いである。

さて、この氏の文書によって、「目に見えない放射線に対して計り知れない不安を抱いている人」の不安が解消されたでしょうか。

逆でしょう。それどころか、専門家のいうことは信用ならない、という不安をかきたてるのではないでしょうか。

私たちは、すでにチェルノブイリだけでなく、アメリカが中東で用いた劣化ウラン弾によって、イラクばかりか、アメリカに帰った米軍兵士たちの間にも、放射線によるDNAの損傷が起因して、少なくない数の死産や、障害を抱えた子供が生まれた事実を知っています。

専門家をさしおいて失礼ですが、問題をはっきりさせましょう。

放射線によってDNAが損傷すれば、

①その細胞は死ぬことがある。

②DNAが異常化した細胞は増殖して、ガンになることがある。

ここで二つとも「ことがある」としていることに、注意して下さい。ICRPによると1シーベルトの被曝で、ガンで死ぬリスクが一〇〇〇人で五五人、増加するとされています。約五パーセントです。

1シーベルト被曝しても、ガンによる死は五パーセント増加するだけだともいえます。五パーセントというとわずかな数のように思えますが、一〇〇〇人といえば一つの村の大きさでしょう。その村でガンで死ぬ人が五五人も増えるというのは、おおごとでしょう。

DNAの損傷は、そんなに簡単に修復できる問題ではないのです。

1シーベルトの被曝など通常経験しないことですが、外部被曝はひどくないのに、内部被曝によって起こったとしか考えられない様々な疾病が起きています。

放射性微粒子を呼吸器から取り込むと、私のように鼻血を出すことがあります（この鼻血問題については、239頁で仮説を述べます）。

また、放射性微粒子は喉、気管を経て、最後に肺の中の肺胞に入り込みます。そこで血液に入り込み、放射性微粒子は体全体に回ります。内臓を始め、人体の様々な重要な器官に入り込み、被害を与えます。

食べ物によって消化器から入った放射性微粒子も、消化器が食べ物の中のいろいろなものを人体に取り込む時に、一緒に人体に入り込むでしょう。

呼吸器から取り込んでも、消化器から取り込んでも、結局、放射性微粒子は人体のどこかの臓器に入り込んでしまうのです。

私が福島を取材している間、そしてその後も悩まされた、今まで経験したことがない異様な疲労感も、そのせいではなかったかと思います（この疲労感についても、242頁で仮説を述べます）。

こんなことは、まだ医学的に証明されておらず、その過程を究められてもいないので、私や福島取材に同行してくれた齋藤さん、安井カメラマンが鼻血を出したり、異様な疲労感に苦しんだことも、「気のせいだ。人の不安をあおるようなことをいうな」といわれてしまうのです。

鼻血問題を無視するのは「科学的」な態度か

放射性物質を初めて発見したマリー・キュリーも、自分自身の白血病をラジウムによる放射線のせいだとは考えなかったそうです。

マリー・キュリーも、そもそも放射線の存在に気がついたアンリ・ベクレルも、放射線が人体に被害を与えるとは思ってもいなかったのです。アンリ・ベクレルに至っては、ラジウムを小さな試験管のような管に入れて、いつも持ち歩いて人に自慢して見せていたのです。これが、目に見えない、体に直接感じない放射能の恐ろしさではないでしょうか。福島の皆さんにはよくよく考えていただきたいことです。

医学が、放射線の人体に与える被害に対する知見を得たのは、それから後のことです。

第三章にも述べましたが、科学というものは、最初に何かの事象を認識することから始まります。

今までの科学知識では説明できない事象に出会う。

一体それは何なのだろうと、研究を始めることで、科学は進歩するのです。

それまで見たことがない事象でも、今までの科学知識の枠内で説明できると考える。それに反する新しいものの見方を、事実をもって提出しても、今までの科学の権威にあぐらをかいて否定する。

もしすべての科学者が、そのような態度を維持していたら、ガリレオは異端者のままだったでしょうし、そもそも原子爆弾も、原発も、この世に現れなかったでしょう。

一番大事なことは、今まで経験したことのない事象が起こったら、まずその事象が特殊な条件のもとでしか起こらない異常現象なのか、同じ条件の下では誰にでも起こる普遍的な現象であるか、確かめることです。

特殊な条件で特殊な人にしか起こらない事象であれば、今までの科学で説明できる可能性は高いでしょう。

しかし、ある条件下では、かなりのパーセントの人に、今までの科学では説明のできない、同じ事象が起こるとなれば、それは特殊な事象ではない。単に、これまでの科学ではつかみ切れていなかった何かがある、と考えるのが本当の科学者です。

私が体験した鼻血。
ひどい疲労感。
これは、私たちだけに起こった特殊な事象ではありません。
私以外に多くの人たちが体験しています。

私が鼻血を出したと書いたら、多くのマスコミ、政府の大臣たち、そして首相まで「風評被害だ」といいました。

政治家はどうせ政治屋です。自分に利があると思えば何でもいうのが政治家です。

しかし、マスコミの中には、科学的に物事を考えようという人がいてもおかしくないと思うのに、そうではありませんでした。

科学的に無知なのか、政治的に既に屈服した人たちなのか。

そのどちらか、あるいは両方でしょう。


これまでの科学が認めない事象は受けつけないという科学者がいたら、それは科学者ではなく、権威の上にあぐらをかく怠惰《たいだ》な失格科学者か、政治の要請に従ってそれまでのカビの生えた科学的知識を振りかざして人々を圧迫する、雇われ科学職人です。

どちらも、本当の科学者ではありません。

本当の科学者は、今までの科学的知識では理解できない事象に真摯《しんし》に対処する勇気のある、真理の開拓者です。

今度の福島第一原発の事故では日本の科学者、医学者たちが、初めて身近で体験する事象が次々に起こっています。今まで自分たちが学んできた科学的、医学的知識では追いつかないものが多いはずです。

しかし、私の見るところ、その新しい事象に追いつくための研究をしている研究者の数はまだ少ないように思います。

今まで私が見てきた大半のいわゆる科学者とか医学者という人たちは、すべての新しい事象を、自分たちの学んだ範囲の科学的知識だけで解釈しようとする、あるいは、現在の体制に不利なことをいうまいと決めている、肩書きだけが科学者や医学者という人たち、であるように思います。

真の科学者、医学者、研究者の皆さんにお願いしたいのです。

国民全体の健康、いや、研究者自身にとっても重要な研究なので、ぜひ精力的に取り組んでいただきたいと願っています。私たちを助けていただきたいのです。

ＩＣＲＰを信じてはいけない

前に述べたように、呼吸器から取り込んでも、食べ物と一緒に体内に取り込んでも、放射性微粒子は体内のどこか一か所に留まって、放射線を放出し続けます。

中でも、ベーター線とアルファー線は遠くまで飛ばない代わりに、付着した細胞にそのエネルギー全部を放出します。

原子の種類によって、出す放射線は違います。

セシウム134、137はガンマー線とベーター線を放出します。

プルトニウム239はアルファー線を放出します。

ストロンチウムはベーター線を放出します。

福島第一原発から放出された放射性微粒子は、セシウム134、137、プルトニウム、さらにストロンチウムも含まれています。

これらのものを呼吸によって、あるいは食べ物によって口から体内に取り入れたらどうなるか。

その体内被曝について、ICRP（国際放射線防護委員会）は指針を作っており、日本の政府はそのICRPの指針に沿って、政府の方針を決めているといっています。

さて、このICRPとは何でしょうか。

私たち日本人は、ICRPを権威のある国際的な中立の機関である、と思っていないでしょうか。

事実はそうではありません。

ICRPとは文科省によれば、

「専門家の立場から放射線防護に関する勧告を行う国際組織」となっています。しかし、ＩＣＲＰは一九二八年にその前身が設立され、現在はイギリスのＮＰＯとして公認の慈善団体です。その資金は、各国の行政部門・研究所から六六パーセント、政府間組織から二一パーセント、企業関連から八パーセント、専門職団体から四パーセント、となっています。

また、常設の五つの委員会がありますが、そのメンバーはボランティアで参加する世界の専門家たちです。

その資金の出所からして、世界の原発推進勢力の影響が強いことが伺えます。つまりＩＣＲＰは民間の団体であり、国連の機関でも何でもありません。このＩＣＲＰの発表する数値を絶対的なものとしてありがたがって使うのは、日本政府のような原発推進勢力だけです。

ＮＨＫが二〇一一年十二月二十八日に放送した番組「追跡！真相ファイル〈低線量被ばく揺らぐ国際基準〉」という番組の中で、思いもよらぬ真相が暴露されています。

低線量被曝については次で述べることにして、ＩＣＲＰを構成している人間がどんな人たちなのか知っておくことは意味があるでしょう。

低線量被曝の基準を緩和した当時のＩＣＲＰの委員一七人のうち一三人が、各国の原発・核兵器関係者であり、原子力推進派でした。

しかも、ＩＣＲＰは一九五〇年にできた当初持っていた、内部被曝を扱う委員会の審議を中止してしまいました。その理由は、内部被曝委員会から報告書が出てきたら、原子力政策を進められなくなるからです。

廃止された内部被曝委員会の初代委員長、カール・モーガンは二〇〇三年に発行されたその著書『原子力開発の光と影』（昭和堂）のなかで、

「ＩＣＲＰは原子力産業界の支配から自由でない。（中略）この組織がかつて持っていた崇高な立場を失いつつある」

といっています。

ＮＨＫの取材では、さらに恐ろしいことをかつての委員たちがいっています。

「どうせ低線量のリスクはよくわからないので、基準値を半分にした」

「原発・核施設への配慮があった。労働者への基準を甘くしてほしいという要望があった」

などと答えています。

このようなＩＣＲＰのいうことをどうして信じることができるでしょうか。

大雑把すぎるＩＣＲＰの計算方法

ＩＣＲＰは内部被曝についても基準を決めています。

しかしその決め方は、恐ろしく面倒くさいものです。

臓器ごとに等価線量というものを計算し、さらに組織荷重係数というものを使った計算をし、そして「実効線量」というものを得る、という仕組みです。

こんなことの説明文はネットでいくらでも転がっているので、興味のある方は、いろいろ調べて下さい。

ＩＣＲＰの結論である実効線量を簡単に丸めていってしまうと、
①体内に放射線源がある場合、
②体内の各臓器が被曝するだろう。
③臓器によって放射線から受ける影響の度合いが違うだろう。
④その影響を計算に入れて、臓器ごとの被曝量を計算する。
⑤その、それぞれの臓器の被曝量を足し合わせて、全身の内部被曝による被曝量とする。
⑥この体全体の内部被曝量を「実効線量」という。
これがＩＣＲＰの、内部被曝についての考えです。

だから、体内に一キログラム当たり１００ベクレルの線量のものを一日二キログラム取り込んでも、このように分散して計算すると、年間１ミリシーベルトの体内被曝量になる、というわけです。

私は、こんな大雑把な考えを真面目に主張できる人がいることが信じられません。

先ほどからいっているように、現在福島の人たちに被曝させているのは、直径が二〜三マイクロメートルの放射性微粒子です。それが、体内の臓器に付着した、あるいは入り込んだときの被曝を、私たちは考えているのです。

アルファー線は体内で四〇ミクロン（マイクロメートル）ほど、ベータ―線は二〜四ミリメートルほどしか飛びません。

わざと小さい臓器を選んでみます。例えば甲状腺は、上下三センチから五センチ、卵巣は一つ当たり直径が平均三センチほどです。

ベータ―線アルファー線は、甲状腺や卵巣のような小さい臓器すらまんべんなく照射するなどということはできません。

しかし、一つの細胞だけでなく、次の細胞まで達する飛距離はあります。

ベータ―線アルファー線は自らの直近の細胞に自分のもつすべてのエネルギーを放出します。放射性微粒子周辺の内臓の細胞は、ベータ―線アルファー線によって破壊されたり、あるいは染色体の異常を起こすでしょう。

キログラム当たり小さいと判断される線量でも、実際に細胞に当たるところでは大きな被害を起こし、それが、臓器に影響を与えるのです。

それが本当の内部被曝であるのに、どうしてわずかな数の微粒子の出す放射線の影響を臓器全体に広げ、さらに体全体に広げるのでしょう。


水道の消毒には次亜塩素酸ナトリウムという塩素の化合物が使われています。

この次亜塩素酸ナトリウムを耳かき半分の量でも直接舌に乗せたら、大変な害を及ぼします。

しかし、それを一リットルの水に溶いたら、水を消毒し、飲んでも何の被害も及ぼしません。

ＩＣＲＰの内部被曝の計算は、今私が例に挙げた次亜塩素酸の場合と同じです。

耳かき半分の次亜塩素酸は舌に大きな害を与える。

しかし、それを一リットルの水で割ってしまったら、その害がわからない。

放射性微粒子が臓器にくっついたか入ったかした場合、その放射性微粒子の直近の細胞が被害を受けるのです。

その線量を体全体で割って計算するなど、次亜塩素酸が舌に与える被害を計算するのに、体全体で次亜塩素酸の強さを割ってしまうのと同じです。

私たちが心配している内部被曝は、次亜塩素酸を乗せられた舌の心配をしているのと同じで、その次亜塩素酸を水で割ってそれを飲んだときの、体全体の心配をしているわけではありません。
そんな心配は意味がないではありませんか。

結論を述べます。
福島の内部被曝の構造は、次の通りです。
①放射性微粒子を、呼吸器、食べ物、水などから体内に取り込む。
②放射性微粒子が、様々な経路をたどって、体内の臓器に入り込む。あるいは付着する。
③放射性微粒子は、排泄《はいせつ》されることもあるが、ストロンチウムのように骨に入り込んでしまって外に出ないものもある。
④放射性微粒子は体内にある限り、放射線を出し続ける。
⑤ガンマー線は体の外に出て行ってしまう。
⑥ベーター線アルファー線は遠くに飛ぶことはなく、すぐ近くの細胞にその持つエネルギーをすべて放出する。
⑦臓器全体から見れば低い線量でも、放射性微粒子の周囲の細胞は大きな被害を受ける。
⑧結果的に臓器は損傷を受ける。
⑨細胞のＤＮＡも損傷を受ける。

⑩ガン化だけでなく、臓器の損壊はこうして始まる。

いま、私がここで述べた福島の内部被曝の構造は、私がこれまで及ぶ限りの知識を集めた結果、作り上げたものです（間違いがあれば指摘して下さい。直ちに訂正します。ただし、科学的にきちんと検証できる批判に限ります。批判するための一次資料をそろえて批判して下さい。思い込みの批判はお断りします）。

一キログラム当たり１００ベクレルなら安全、という政府の基準は無意味なものであると私が考えていることがご理解いただけたでしょうか。

2　もう一つの脅威、低線量被曝

「年間20ミリシーベルト以下」という謎

低線量とは何をいうのでしょうか。

文字どおりに読めば、被曝する線量が低いことを意味しますが、どの程度から低線量とするのか。

この低線量の決め方も、どうやら、前章で扱ったＩＣＲＰによるところが大きいようです。

二〇一一年十二月一五日、内閣府の有識者会議（共同主査＝長瀧重信・長崎大学名誉教授、前川和彦・東大名誉教授）が発足からわずか一か月足らずで作り上げた報告書によると、

「年間20ミリシーベルトの放射線量を避難区域の設定基準とした」

これはＩＣＲＰが原発事故による緊急時被曝を年間20～１００ミリシーベルトと定めていることから、

「安全性の観点から最も厳しい値を採用している」

ということです。

逆にいうと、年間20ミリシーベルト以下の地域は安全だから避難しなくていい、ということになります。そして、実際に政府は二〇一四年四月一日から、福島県田村市都路《みやこじ》地区に出されていた避難指示を解除しました。

年間20ミリシーベルト以下になったから、というのです。

次いで二〇一四年十月一日に川内村の一部に出していた避難指示も解除しました。

避難指示解除ということは、避難しなくてもいい、そこに住んでもいいということです。

実際、国や自治体は「その後の面倒もいろいろ見るから」といって、帰還を勧めています。

国や自治体は人々に、「年間20ミリシーベルト以下になったら帰ってきて住め」といっているのです。


さて、これは大変に奇妙な話です。

田村市の住民も、川内村の住民も、私たち神奈川県の住民も、同じ日本人です。

私たちの住む神奈川県の放射線の基準は年間1ミリシーベルトのはずです。

同じ日本人の中で差別があるのは、奇怪というより許し難いことです。

いや、待てよ、日本全国で放射線の基準値が年間20ミリシーベルトに上がったということなのでしょうか。

それまで国が指示していた放射線基準値「年間1ミリシーベルト」はいつのまにか、20ミリシーベルトに全国的に引き上げられていたのでしょうか。

いや、そんな話は聞いたことがない。

なぜ聞いたことがないのか。

それは、マスコミがきちんと大きな問題として人々の注意を喚起するように取り上げないからです。

年間20ミリシーベルトの場所に人を住まわせるのは、「年間1ミリシーベルト」という法律に違反しています。国が法律違反をおかし、マスコミはそれに対してほとんど沈黙している。

一般の人々も全く関心を払わない。

年間20ミリシーベルトの地域に住め、といわれている福島県の人々に冷淡すぎませんか。

福島県の人間を思い遣る心と、国の法律違反をとがめる気概を日本人は失ってしまった。

日本はいつからこんな情けない国になってしまったんですか。

福島の人たちはなぜ怒らないのか

Ｘ線撮影を行う場所、業務として放射性物質を扱わなければならない研究室などは、「放射線管理区域」とされていて、そこの基準値は、年間５・２ミリシーベルトです。

法律では、５・２ミリシーベルトの放射線を放射線管理区域の外に出してはいけない、と決められています。

さらに、放射線管理区域に指定されたところでは、一八歳以下の人は働くことはできないとも決められています。しかも、その放射線管理区域では飲食が禁止されているのです。

ところが、年間20ミリシーベルト以下だから帰還しろと勧められている田村市、川内村の住民は、子供も妊婦もそこで暮らし、普通に飲み食いをしろというのです。

こんな馬鹿な話があるでしょうか

①一般の基準値は年間１ミリシーベルト。

②放射線管理区域の基準値は年間５・２ミリシーベルト。

ここには一八歳以下の人間は立ち入り禁止で、飲食も禁止。

③そして、田村市、川内村の基準値は年間20ミリシーベルト。

子供も、幼児も、妊婦も住むことができ、飲食も自由。

日本という一つの国に三つの基準があります。
②の放射線管理区域は世界中どこにでもあります。
放射線を使用しなければならない職業の人たちだけは、犠牲になってもらうといったら語弊がありますが、研究と職業のために我慢してもらうためのぎりぎりの数字として、認めるしかない。仕方がない。

しかし、①と③を一つの国で認めるとは、どういうことなのでしょう。

福島の人たちだけ、他の県の人たちより放射線に対する耐性が高いとでもいうのでしょうか。途方もないことです。

これは、福島の人たちに対するとんでもない差別でしょう。

福島第一原発の事故で苦しんだ福島の人たちを完全に救済するのが東電と国の義務なのに、これからさらに長い間苦しめ、というのですか。

福島の人たちはなぜ怒らないのか、私には理解が行きません。

ＩＣＲＰの基準を金科玉条にしている日本政府は20ミリシーベルトはおろか、年間１００ミリシーベルトまで安全と考えているようです。

しかし、前節でも明らかにしましたが、ＩＣＲＰの基準には科学的根拠がないことをかつての委員たちが認めているのです。

高線量より怖い「低線量被曝」とは

肥田舜太郎・竹野内真理の訳になる、ラルフ・グロイブとアーネスト・スターングラス著の『人間と環境への低レベル放射能の脅威』（原題は『The Petkau Effect』）という本は、低線量被曝が地球環境と人体に被害を与えることを、様々な例を挙げて示しています。

以下、その本の内容を、人体に関したところだけ適当に抜粋して紹介します。

この本の中でも、いかにＩＣＲＰが原子力産業に都合のいいように基準値を作り上げているか、その実態が描かれています。

日本のマスコミは、ＩＣＲＰの実態を国民に知らせようとしません。

前節で取り上げたＮＨＫの番組はわれわれ日本人にＩＣＲＰの実態を知らせる優れたものでした。ＮＨＫは以前にも「チェルノブイリの子供たち」のような良い番組を作りましたが、安倍内閣になって任命されたＮＨＫの会長や一部の経営委員は、原発推進を方針とする政府に従順な姿勢を見せています。

これから先、ＮＨＫはこれまでのような番組を作ることができるのでしょうか。

この本の中で衝撃的なのは、原題になっている「Petkau Effect（ペトカウ効果）」でしょう。

ペトカウ効果とは、カナダのマニトバ州にあるカナダ原子力公社ホワイトシェル研究所の医学・生物物理学主任だったアブラム・ペトカウが一九七二年に発見したものです。

ペトカウが生きている細胞に似ている人工膜に、水中で放射線を当てたところ、放射線照射を長時間続けると、X線フィルムで写真を撮るような線量よりはるかに低い線量の吸収で、細胞膜が破れることを発見したのです。

ペトカウは最初自分でも疑って何度も実験を繰り返しましたが、常に同じ結果が得られました。

細胞膜を破壊するためにはX線なら毎分260ミリシーベルト、全量が35シーベルトという高線量の被曝が必要だったのが、水に溶かした放射線食塩（塩化ナトリウム22）から毎分0・01ミリシーベルトという低線量を長時間照射すると、全量でわずか7ミリシーベルトの照射で細胞膜は破壊されたのです。

しかも、照射時間を長引かせるほど、細胞膜を破壊するのに必要な線量は低くなりました。

結果として、

「少量で慢性的な放射線被曝は、高線量の放射線を短時間被曝するよりその影響がより大きい」

という結論に達したのです。

これまで、細胞の中のＤＮＡが放射線の衝突によって直接損傷を受けることは長い間知られてきました。しかし、細胞膜の場合はペトカウが発見したような、間接的に損傷を与える仕組みが作用するのです。

放射線が作り出すフリー・ラジカル

なぜ低線量の方が高線量よりリスクが大きいのでしょう。

それは、ペトカウによれば、次のようになります、

「酸素が溶け込んだ細胞液で、イオン化（電離）放射線は酸素分子に衝突して、活性酸素、フリー・ラジカルというものを作り出す」

これを、わかりやすく説明してみましょう。

原子とは原子核の周りに電子がまわっている形です。

私たちの体を作る筋肉でも骨でも、たった一つの原子で出来ているものはありません。すべて、二つ以上の様々な原子が結合して作る分子によって作られています。

細胞の中に必ず含まれている水の分子の一つ一つは、水素原子二つ、酸素原子一つで出来ています。

分子記号でいえばH二つとO一つです（H_2O）。

放射線はこの水素と酸素の結合で必要な電子を吹き飛ばし、あるいは自分に取り込んでしまい、HとOだけの非常に不安定な物質を作ってしまいます（・OH）。

これが、フリー・ラジカルの典型、活性酸素（ヒドロキシ・ラジカル）と呼ばれるものです。

なぜラジカルと呼ばれるかというと、このラジカルはもとの安定的な状態に戻りたいのです。

安定した状態に戻りたいから、周囲の分子を攻撃して、自分が安定化するために必要な電子を奪いとるのです。取られた方は自分が壊れてしまいます。

壊される方から見れば、壊す相手はラジカルで、放射線ではないのです。

（ラジカルは、英語ではｒａｄｉｃａｌと表記されます。元々はラテン語の「根」を意味するｒａｄｉｘからきた言葉で、国の体制の根っこまでひっくり返そうとする人たちを「ラジカル」と呼んだことが、ラジカルは過激、という意味に捉えられるようになったようです。）

ペトカウによれば、

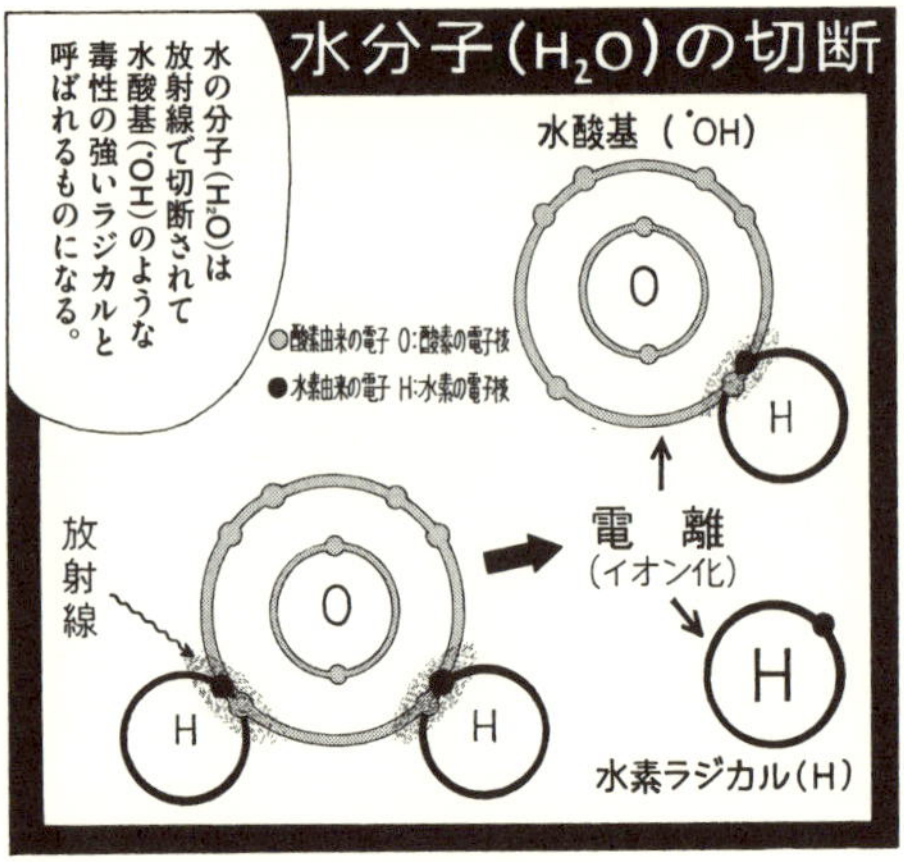

『美味しんぼ』第111巻「福島の真実2」より

「フリー・ラジカルが細胞膜に引き寄せられて、細胞膜を次々に酸化する連鎖反応を起こし、細胞膜を弱らせ破壊する」

「このように、**細胞膜の場合はＤＮＡと違って、受ける被害は放射線の直接の結果ではなく、放射線の作り出す活性酸素、フリー・ラジカルによって間接的に起こる**」

というものです。

ペトカウ効果によれば、低線量の被曝は極めて危険である、ということになります。

ペトカウ効果に対する反対意見

しかし、このペトカウ効果による低線量被曝を否定する意見も根強くあります。

一番大きいのが、ペトカウ効果の中心をになうフリー・ラジカルができてすぐに、周囲と親和してしまい、ラジカルでなくなるというものです。

ラジカルの寿命はナノ秒の世界だといいます（ナノとは十億分の一を表す単位です）。

ラジカルの寿命が十億分の一秒の単位となると、これが、細胞膜やＤＮＡを破壊するのは難しいということになります。

しかし、それでは、「多くの疾病にフリー・ラジカルが関係している」という医学的な知見はどうなるのでしょうか。

テレビで宣伝しているサプリメントの世界だけのことなのでしょうか。

さらに、ペトカウ効果は実験装置の中で認められたことで、実際の生体では確認されていないという学者も少なからずいます。

それについては、先に取り上げた本の中で、「生物におけるペトカウ効果」、「人体におけるペトカウ効果」が記されています。

また、ドイツのムンスター大学での討論会で、原子力エネルギーを支持する学者たちが、ペトカウは人工細胞膜で実験したと申し立てたことに対して、この本の著者は、実際はその反対で、ペトカウの多くの作業は実物の細胞膜を使ったものだったことを示して、ペトカウ効果に反対する学者たちを黙らせました。

ペトカウはペトカウ効果の証拠を、生きている微生物とマウスで発見したばかりでなく、人間の疾病における現実の低線量放射線による細胞膜障害とガンの発生の結びつきについての証拠も提供しているのです。

私が鼻血を出した原因がわかった

ではなぜ、高線量の時より低線量の時の方が細胞膜は破壊されるのでしょうか。

この本の著者は、次のように説明しています。

高線量を照射したときには、細胞内にたくさんフリー・ラジカルができる。たくさんあるために互いにぶつかり合って、元の無害の酸素に戻って非活性化してしまい、細胞膜に損傷を与えることはない。しかし、低線量照射では作られるフリー・ラジカルの数が少ないので、互いにぶつかり合うことがなく、細胞膜に当たって損傷を与える。

驚くべきことに、高線量より低線量の方が細胞に与える損傷は桁違いに大きいのです。

さらに驚くべきことは、この非常に毒性の強いフリー・ラジカルが細胞膜の外まで拡散して、そこで連鎖反応を起こして数分から数時間で細胞膜を溶かす。その結果、細胞内が漏れ出てその細胞は死ぬ、というのです。

なんと、これは私が鼻血を出した、そのメカニズムではありませんか。

鼻の粘膜の微細血管の細胞の細胞膜がフリー・ラジカルによって死ねば、微細血管は破れる。鼻血が出る。

日本ではなぜか、このペトカウ効果についての研究はあまりなされておらず、その割合も、私から見れば、ペトカウ効果についての否定的な意見の方が多いように感じられます。

しかし、低線量被曝が危険であることをこれだけ論理的に説明した議論は他にありません。

私たちは物事を科学的に考えなければなりません。しかも、自分の命に関わることであれば、真剣に考えなければなりません。

私たちの周辺には、福島の放射線によるものとしか考えられない被害を受けている人がいます。

鼻血、ひどい疲労。

そのような事象が現実にあるのです。

ペトカウ効果はその事象を説明する一つの議論です。

それを、今までの科学的知識によって否定してしまうのは、何度もいいますが、それこそ科学的な態度とはいえません。

この本には、ペトカウ効果であると思われる、生体についての、あるいは人体についての例が幾つも述べられています。ペトカウ効果はあくまでも実験室のものだといって否定する学者にとっては、挑戦的な事例です。

フリー・ラジカルの寿命がナノ秒単位で、細胞膜やDNAに働きかけるには短すぎるという説も、このような事象と対決しなければならないでしょう。

「訳のわからない疲労感」も説明がつく

さらに、この本の中で興味深いのは、訳者竹野内真理氏による「訳者あとがき」です。

この「訳者あとがき」はただのあとがきではなく、資料集ではないかと私のような素人には思われます。

一番衝撃的だったのは、科学技術庁の付属機関である「独立行政法人・放射線医学総合研究所」が二〇〇七年に、『虎の巻　低線量放射線と健康影響――先生、放射線を浴びても大丈夫？と聞かれたら』という本を出していたのを紹介してくれたことです。

私も、この本を書くのに、放射線医学総合研究所（略して放医研）の発表した論文をかなり参考にしています。しかし、この「虎の巻」などというものが存在していると知って呆《あき》れました。

私は「放医研」が政府寄りと知っています。だからこそ、「放医研」のデータを使うことが私自身の偏りのなさを語るものだと思っていたのですが、とんでもないことでした。

「虎の巻」とはねえ。

いかに、低線量放射線は無害なものであるか、それを人々に説得するための「虎の巻」なのです。

参りました。いわゆる、「原子力村」の人たちは抜かりがありません。

その「訳者あとがき」の中で知ったのは、「放医研」がペトカウ効果を十分意識して、それに対する反論を考えているということです。

「放医研」もなんとか対策を講じなければならないほど、ペトカウ効果は原発推進者にとっては脅威なのです。

この「訳者あとがき」で紹介されている論文の中で、私が大いにひかれたのは、ニュージーランドのレス・シンプソン博士の研究です。

それは、

「低線量被曝によって赤血球が変形し、筋肉と脳からの適切な酸素と栄養を奪うことで、慢性疲労症候群、いわゆる『ぶらぶら病』が生じる」

というものです。

おお、これこそ、私たちが苦しんでいる、あの「訳のわからない疲労感」を説明するものではありませんか。

ロシアのブルラコーワ博士によれば、チェルノブイリの事故処理作業者の間にこの「ぶらぶら病」が発生し、しかも、この人たちの間には免疫系の低下が認められるということです。

この「ペトカウ効果」は日本でももっと真剣に考えなければならない問題でしょう。

少なくとも、鼻血問題と、激しい疲労感について説明することができるのです。

ペトカウ効果がそれまでの常識を破るものであるため、今までの科学的な知識によって簡単しょうか。
に否定してしまうことは、それこそ何度もいっていますが、「科学的ではない」のではないで

私自身でいえば、自分が苦しんでいる「訳のわからない疲労感」を、このシンプソン博士の説はよく説明していると思います。

私の疲労について「訳がわからない」という医者より、シンプソン博士の方が私にはありがたい。たとえ、シンプソン博士の説が間違っていたとしても、この疲労について考える取っかかりになるではありませんか。

今までの、医学、科学的知識、あるいは世間的な縛りによってがんじがらめになって、ただ「わかりません」という日本の医学者、科学者より、シンプソン博士は一歩先を行っていると私には思えるのです。

鼻血についてもそうです。

このペトカウ効果による鼻血の説明が正しいかどうか、鼻血について考えるきっかけになるではありませんか。

付け加えると、アブラム・ペトカウ博士は一九三〇年生まれ、一九六二年にカナダ原子力公社の研究員となり、ペトカウ効果を発見しました。

しかしながら被曝労働者の白血球に関する研究をしているさなかの一九八九年、政府からの

研究費が突然打ち切られてしまい、ペトカウの研究所は閉鎖され、それ以後放射線研究者としての道が絶たれてしまいました。

その後ペトカウは自らの診療所を開業し、二〇一〇年十一月末に引退するまで医師として働きました。二〇一一年一月十八日に急逝しています。

ペトカウ効果を研究する日本人研究者が少ないのは、ペトカウ効果を発見したあと、ペトカウが受けた処遇に怯えているからだといったら、いい過ぎでしょうね。

アメリカで行われた乳がん死亡率調査の驚き

さらにもう一冊、大事な本があります。

これもやはり、肥田舜太郎、竹野内真理、それに齋藤紀、戸田清によって翻訳された、ジェイ・マーティン・グールド著の『低線量内部被曝の脅威』（原題『The Enemy Within』）です。原題を日本語訳すれば「わが内なる敵」とでもなるでしょうか。

この本も低線量被曝の脅威について説明していますが、それより、私にとって一番の驚きは、アメリカの六〇か所の原子炉施設ごとに、その施設から半径五〇マイル（八〇キロメートル）と一〇〇マイル（一六〇キロメートル）以内の一三〇〇郡の調査を行い、全米三〇〇〇余りの郡全体と比較したところ、原子炉施設に近い一三〇〇群の女性の乳ガンによる死亡率は、原子炉施設のない群より高いのを統計的に示したことです。

しかも、この統計は、一九五〇年から一九八四年という長期にわたって行われた調査を元にしたものなのです。

アメリカは原子炉はもとより、国内で核爆発実験を何度も行ってきたため、放射能に対する意識が高いのだと思いますが、日本でも、既に国中に五四基も原発を持っているのです。所在地も、北海道から九州まで、一七か所にあります。

この日本で、ジェイ・マーティン・グールドたちのような、長期にわたる詳細な統計が取られているのでしょうか。

取られていたとして、私たち市民が、自由にその結果を見ることができるでしょうか。

私は、このアメリカでの調査を見ても、原子炉の近くに住むべきではないと思うのです。

ここで紹介した二冊の本は、低線量被曝について大事な情報を与えてくれます。

とても、わずかなページで要約することはできません。ここで紹介したのも、それこそ全体の中のひとつまみにもなりません。

低線量被曝の脅威について知りたい方は、ぜひ一読をお勧めします。少なくとも私は、この二冊の本によって低線量被曝がどんなに恐ろしいものか、納得しました。

第7章　福島の人たちよ、逃げる勇気を

本文に何度も登場した霊山神社。50年も前に訪れ、かけがえのない体験をしたことが、著者の福島への思いにつながっている

原稿を書き進める中での葛藤

さて、ここで、話を元に戻します。

第5章の最後に、

「私が、どうして『美味しんぼ　福島の真実編2』で鼻血を始め、福島の人たちに反発を買うようなことを書き、野崎さん、古殿町《ふるどのまち》の岡部町長のご恩を裏切るようなことを書いたか、それについて、きちんと述べたいと思います」

と私は書きました。

その責を果たします。

まず、野崎さんと古殿町の岡部町長についてです。

私が野崎さんに勧められて古殿町の郷土料理を取材し、岡部町長に、その取材のお世話ばかりか、富岡町と福島第一原発の取材についてもお世話をいただいたのは、『美味しんぼ』の原作で古殿町について書き始めるずいぶん前のことでした。

さて、古殿町について書き始めたとき、私は激しく悩みました。

古殿町の庁舎前での空間線量は毎時0・08マイクロシーベルト、年間1ミリシーベルト以下でした。

福島でこれだけ低い空間線量を計測したのは、会津だけでした。

その空間線量値を書き、古殿町の郷土料理が美味しかったことを書き、それで古殿町を離ればよかったのでしょう。

そうすれば、野崎さんを傷つけることはなく、岡部町長に受けたご恩に背くこともなく、円満に物事は収まったでしょう。

しかし、原稿を書いているうちに、私の心は千々に乱れたのです。

円満に収まるように書けば、野崎さんと私の長い間の友情は保たれるし、岡部町長に対する恩義も保つことができる。

だが、私は岡部町長から、

「山菜のコシアブラは一キロ当たり３００ベクレルあった。以前の５００ベクレルという基準だったら大丈夫だったが、一キロ当たり１００ベクレルという現在の基準からいうと難しい」

と伺いました。そして、町役場の方からは、

「古殿町の検査機の限界下限値はセシウム１３４、１３７合わせて、25ベクレルに設定されていること」

「見せていただいた検査表によれば、フキはセシウム両方で18・49ベクレル、ゴボウは22・2ベクレル（ともに、町役場の検査機によれば検出せず、となる）。しかし中には、25ベクレル

を超えるものもある」

といういうことを伺いました。

さて、これでは、古殿町は野﨑さんのおっしゃるように、「汚染のない土地」といえるでしょうか。空間線量は低いけれど、食べるものについては、食べる側の自己責任、ということになります。

それでは、同じ福島「中通り」の他の土地よりはましである、という程度でしかないと私は思いました。

『美味しんぼ』の古殿町についての原稿を書く以前に、私は内部被曝の問題をいろいろ勉強していました。知らなかったら、そのまま書けたでしょう。しかし、知ってしまったからには、その通りに書くしかありません。

上手い方法として、古殿町のことは全く書かないという手もあります。

だが、そのようなごまかしをするのだったら、何のために二〇一一年から二〇一三年まで福島で厳しい取材を続けてきたのか。

その福島の取材の目的は何だったのか。

真実を語るのが、私の生き方

野崎さんと岡部町長には深い恩義があります。

しかし、この三十年『美味しんぼ』を読んできて下さった読者の方に、ごまかしの作品を差し出すのか。

私は、苦しみました。

結局、野崎さんと岡部町長には申し訳ないのですが、『美味しんぼ』の読者をいつわることはできない。それをしてしまったら、三十年間の『美味しんぼ』の読者に言い訳が立たないという結論に達して、いつも通り私が見たこと経験したことをそのまま書くと心を決しました。

岡部町長にはどんなに非難され、罵られても、仕方がありません。

真実を書くことで野崎さんとの長い間の友情が壊れるなら、それも仕方がないと諦めました。『美味しんぼ』の読者に真実を伝える、というこれまで私が守り続けてきた姿勢を守るしかないと、私は決心したのです。

野崎さんと岡部町長には受け入れてもらえるかどうかわかりませんが、私の心からの謝罪の言葉をここで述べさせていただきます。

では、食べ物に含まれる放射線は何ベクレルなら安全なのか。

日本政府の基準、一キログラム当たり100ベクレル、というのは論外です。

ドイツ放射線防護協会は、二〇一一年三月二十日（現地時間）に「日本における放射線リスク最小化のための提言」を出しています。

それによれば、

「乳児、子供、青少年に対しては、一キログラム当たり4ベクレル、成人に対しては8ベクレル以上のセシウム137を含む飲食物を摂取しないこと」

を推奨しています。

日本に住んでいるドイツ人は、この提言通りに飲食物の放射線量の限界を決めているでしょう。ドイツ人も日本人も同じ人間です。それとも、ドイツ放射線防護協会の提言は間違っているのでしょうか。

私の安全に対する考え方は、第2章に書いてあります。

もう一度読んで下さい。

私は、ゼロリスクでなければいやだとはいいませんが、せめて、このドイツ放射線防護協会の提言くらいは、最低限守りたいと思います。

それからすると、私には、古殿町の検査機の限界下限値25ベクレルは受け入れがたいのです。

とにかく、本当に辛かった。

辛いのは、野﨑さんと岡部町長に対してだけではありません。

私が、『美味しんぼ』の最後に、

「福島の人たちに逃げる勇気を持ってほしい」

と書いたことが、私の取材に協力して下さった福島の方たちを、ひどく傷つけてしまったのではないか。

「自分たちが一生懸命復興のために努力している姿を見せたはずだ。それなのに、福島から逃げ出せとは、なんということをいうのだ」

とお怒りになっている方たちも少なくないのではないかと思います。

福島を応援すればそれでいいのか

では、

「福島頑張れ」

「福島の復興に協力しよう」

「福島の食べ物を食べて応援しよう」

などと、『美味しんぼ』で大々的に書けば、マスコミは『美味しんぼ』を福島復興のために頑張っている、と褒めてくれたかもしれません。

しかし、それが、本当に福島の人たちのためになることなのでしょうか。

私は『美味しんぼ』の中にも書きましたが、大事なのは
「土地としての福島の復興」

ではなく、

「福島の人たちの復興」

であると考えています。

土地より、人間の方が大事です。


福島の人たちは、福島を逃げ出さない理由として、

「福島の伝統を守りたい。

伝統のある土地に愛着がある。

コミュニティを守りたい」

といいます。

しかし、私はよく例えに出すのですが、

特に子供たちの
行く末を
考えてほしい。
福島の復興は、
土地の復興
ではなく、
人間の復興だと
思うからだ。
『美味しんぼ』第111巻「福島の真実2」より

「ここに、二〇〇〇年の伝統のある立派な家があって、あなたはそこに先祖代々住んでいる。その家は、あなたたちの誇りであり、あなたたちの心をとらえて放さない。しかし、いったんその家が火事になり、燃え上がったら、それでもあなたたちはその家の中に留まりますか。

どんなに伝統があって愛着のある家であっても、その家が燃え上がって自分たちの命が危ないとなったら、逃げ出すのではありませんか」

どんなに愛着のある家でも、燃え上がる家に留まって死ぬ、という人はいないはずです。

今の福島は、その燃えている家です。

激しい火は、今は収まっている。

しかし、火はチロチロと燃え続けている。

その火とは、放射能です。

放射能は、その場では熱も匂いも感じない。

しかし、確実に人体を犯します。

体内被曝と低線量被曝の章で私が書いたことを思い出して下さい。

年間20ミリシーベルトは論外です。

年間３ミリシーベルトでも、２ミリシーベルトでも、低線量被曝による危険はあるのです。

アメリカの、原子炉周辺の人々の乳ガン死亡率が高いという長期間にわたる調査の結果を思い出して下さい。

チェルノブイリでは、低線量被曝でもＤＮＡの異常が起きています。

私が最後に伝えたいこと

福島第一原発はまだ収束していません。

汚染水漏れはしょっちゅうですし、二〇一四年には、一号機のカバーの一部を開けただけで、中のガレキから、４億ベクレルの放射性物質が放出されました。

さらに二〇一四年八月二十五日、東電は、毎日、ストロンチウム90が50億ベクレル、セシウム１３７が20億ベクレル、トリチウムが10億ベクレル放出されていると認めました。

これは主に海中にですが、一号機から三号機まで合わせて、空中に一時間当たり１０００万ベクレルが放出されていることも認めています。

一時間当たり１０００万ベクレルということは毎日、２億４０００万ベクレルですよ。

原子力安全・保安院の計算によると、福島第一原発から放出された放射性物質は、広島原爆の一六八・五倍の量です。

すでにそんなすさまじい量の放射性物質をまき散らした上に、毎日、海中に80億ベクレル、空中に2億4000万ベクレルの放射性物質を放出しているのです。

人間が住んでいてよい環境でしょうか。


私は福島第一原発を見学して、それまでよりはるかに切実な危機感を抱きました。

福島第一原発は応急処置しかなされていません。いつ、もっと重篤な、破滅的な事態が起こっても不思議はない状態にあると思います。

体内被曝、低線量被曝、そして、福島第一原発が持つ危険性。この三つを合わせて考えて、私は福島から逃げ出した方がよいと強く思うのです。

というと、「逃げ出しても、行く先がない。行った先で職業がない」と多くの方がいいます。

それは、福島の人たちが負う責任ではありません。

東電と国が、福島の人々が行く先を確保し、職を確保し、職が見つからない間は生活を保障するのが、当然です。

福島の人たちは、東電と国に、自分たちを守るための要求をするべきです。

あの方たちの平和な生活を奪った東電と国は、
あの方たちの人の良さ、我慢強さをいいことに何も責任を取っていない。
『美味しんぼ』第111巻「福島の真実2」より

二〇一四年十一月十三日の朝日新聞に、精神科医で福島学院大学教授の香山雪彦氏が語っています。その中で、香山氏は、

「最近、福島の人たちの間で、被曝が口にされなくなったのは、自分の被曝への対応が他の人と違うと、変な人だと思われないか、という不安が一因だ」

といっています。

雑誌「序局」第七号（二〇一四年九月発行）の中で、「ふくしま共同診療所」の医師、布施幸彦氏は、

「福島のお母さんたちは放射能の不安を相談する人がいない。仲のいい人に不安だね、というと、何いっているの、今時大丈夫よ、といわれてしまう。学校でも、先生や他の親たちに、放射能の心配はいらないといわれてしまう。だからしゃべるところがない。声を上げられない。怒る場所がない。文句をいったら変人と思われる」

といっています。

福島の人たちには、厳しい規制がかかっているように思われます。

東電、国、自治体による圧力でしょう。

一番奇怪なのは、自治体が住民を外に出さないように力を尽くしていることです。

自治体は、住民の安寧と生活を守るためのものです。

それなのに、今の自治体を運営する役所と首長は、住民ではなく自治体を守ることに必死です。

住民の健康が害されてもかまわない。自治体として成立する住民数が欲しい。

何のための自治体なのか。

私は力を込めていいたいのです。

福島の人たちよ、どうか声を上げてください。

自分たちの命を守るために、声を上げてください。

皆さんが、自分たちで立ち上がって、何か行動を起こす必要はありません。

日本人を信じてください。

皆さんが声を上げれば、日本中の人たちが、かならず、福島の人たちのために立ち上がります。

だが、皆さんが声を上げない限り、日本中の人々は、福島の人たちが本当に大変な状態にあることに気がつかない。

マスコミは福島の人たちの実状など、絶対に伝えません。

皆さんが声を上げてください。

圧力をはねのけて、自分の命、子供たちの命を守るために声を上げてください。


これが、私が福島の人たちにいいたいことなのです。

二〇一一年十一月から二〇一三年五月まで、福島を回ってこの目で見た真実、この耳で聞いた真実から、下した結論です。


福島の人たちよ、福島から逃げる勇気を持ってください。


どうしても逃げられない事情のある人もいるでしょう。

しかし、自治体の圧力や、周囲の人間関係で逃げられないと思っている人たちには「勇気を出してください」といいたいのです。

周囲の人間関係は、本当にあなたにとって、大事なものですか。

ただ漠然と、他の人にいやな感情を持たれるのがいやだ、というものではありませんか。

その人たちが、あなたとあなたの家族、これからの人生に責任をとってくれますか。

自分が逃げられないから、あなたたちも巻き添えにしているのではありませんか。

その人たちは、あなたにとって家族より大事な人たちですか。

単に、周囲の圧力に負けていけませんか。

さらに自治体は、あなたたちより、自分たちの組織を守ることに全力をあげています。村役場、町役場の人間たちは、自分たちが働いている役場の組織を守ることしか考えていません。自治体は、絶対にあなた方を守りません。自治体を信用してはいけません。

福島の人たちよ、自分を守るのは自分だけです。

福島から逃げる勇気を持ってください。

付記　セリフの変更について

私は、『美味しんぼ』で「日本全県味巡り」を始め、「環境問題」などの取材をした結果、漫画にすることがよくあります。

その際には、取材した相手に、漫画の原作の原稿をお見せします。

「伺った話をこのようにまとめ、このような形で漫画にします」

とわかっていただくためです。

取材した相手のセリフとして書いた部分にも、その方の同意を必ず取ります。

「あなたのおっしゃったことを、こういう風にセリフにしますが、それでいいでしょうか」

と尋ねます。

そのセリフは、そのまま漫画に書き込まれるものです。

人によっては、

「あの時は、そういったが、こういう風に直してほしい」

といってこられる方もいます。

その場合、相手のご意見を優先することが第一です。

相手のご意見に合わせてセリフを修正し、再度原稿をお見せします。

時によっては、二度、三度と修正を繰り返すこともあります。

それでいい、と承諾をいただければ、原稿を漫画家に渡して、漫画の制作作業に入ります。

このように原稿を相手の方に読んでいただき、承諾をいただいてから制作過程に入ると決めているので、今までに、漫画になってから相手の方から文句が来たことはありません。

さらに相手の方の意思に反するセリフを書いたこともありません。

「福島の真実編」も多くの方に取材に応じていただきましたが、全く同じ方式をとっています。


今回、週刊誌から単行本にするときに、セリフを変更したところがありますが、それはまず第一に、取材に応じて下さった方を守るためです。

今回も取材に応じて下さった方は、原稿を読んで「これでよい」とおっしゃったので漫画にしたのですが、週刊誌が出たあと、ある方が漫画の中のセリフのせいで周囲からひどいバッシングを受け、苦しんでいると知りました。

私はバッシングを受けることになれていますが、その方は純粋な学者で、こんなバッシングを受けたことなど初めてだったでしょう。

どんなに傷ついているか、私たちはよくわかりました。

私たちが「あなたをお守りするためにセリフを書き換えてもいい」と申し出たとき、当の相手は驚いていました。

「そんなことができるのか」と。

私たちは答えました。

「私たちは取材に応じて下さった方を守ることを第一に考えています。『美味しんぼ』のおかげでバッシングを受けているのなら、中身は変わらないが、比較的柔らかい言い回しを、取材した記録の中から選んで、単行本にするときのセリフに変えることができます」

それは、その方の意見と本質的に違うものではなく、私たちが意見を変えたものでもない。意味するところは全く同じだが、刺激が弱い言葉に変えたのです。

私は取材する場合、私と取材相手の会話を記録するためのテープを回し、同時にビデオでその場面を撮影します。

当然、カメラマンによる写真撮影も行われます。

私たち取材班の取材は完璧である、と私は自負しています。

その記録はすべて当時のまま保存してあります。

したがって、取材する相手との会話は大量に記録されているのです。

ビデオもあるので、表情や、どのような状況でいった言葉なのかもよくわかります。

漫画のセリフは、コマ数とコマの中の吹き出しの字数などの制限があって、取材した相手の言葉をすべて漫画に書くわけには行きません。

その中から、その場面にふさわしいと思った相手の方の言葉をセリフとして選んだのであって、それによってバッシングを受けているのであれば、大量の記録の中から、バッシングを受けづらい言葉を選んで、別のセリフを作ることは、真実を伝えるということでは何一つ変わりはありません。

あくまでも、その同じ方のいった言葉の中から、別の言葉を選び出したのであって、私が創作したり、修飾したりしたものではありません。


その他にも、週刊誌と単行本で、セリフが違っている箇所はいくつかあります。

こういうことは、過去に何度もあります。

週刊誌の時に読者が理解しづらかったり、誤解されるかもしれないセリフは、単行本にするときに直します。

「単行本の時に直そう」というのは、私たち漫画原作者と編集者の決まり文句です。

週刊誌で読者の反応を見て「どうもここはわかりづらかったようだ」と判断すれば、単行本にするときにもっとわかりやすい表現・言葉に変える、という作業をします。

その際に、主張は一切変えません。

読者にわかりやすい表現に変える、だけです。

セリフを変えることで、週刊誌の時と違う意見にしてしまうなどということは金輪際あり得ません。

娯楽のために嘘をいうのは面白いものです。

しかし、今回のような真剣な題材を扱っている際に、嘘のうの字でもいったら、私の物書きとしての生命は終わりです。

今回数か所セリフを変えたのは、第一にバッシングを受けた方を守るため。第二は、誤解を防ぐため、またよりわかりやすくするためです。

内容の改変は一切ありません。

あとがき

「鼻血問題」を通して見えたことは、電力会社、大企業、学者、マスコミ、政治家という、原子力産業の利権に群がる人間の、本性でした。

世間ではこの人たちを「原子力村」と呼んでいます。

「村」という、日本人にとっては懐かしい言葉を、自分たちに属さない人間は排除し、そうではない人間を攻撃する集団を表すものとして使うことは「村」を汚す行為です。

「村」という良い言葉を彼らのために使うのはいやなので、仕方がないから私は彼らを「ゲ集団」と呼ぶことにしました。

「ゲ集団」の「ゲ」は「原子力産業利権集団」の「ゲ」です。

今回鼻血問題で思い知らされたのは、「ゲ集団」の網は日本の社会全体を覆っているということです。

恐ろしいのは、日本の知を支えるべき学者たちが、すでに「ゲ集団」の一員になっているのか、「ゲ集団」の圧力に怯《おび》えているのか、放射線の人体に対する被害をきちんと研究しないことです。

もちろん、この本の中にも挙げましたが何人かの方々が真剣に、放射線の内部被曝の害、低線量放射線被曝の害について研究し、様々な場所で発表されています。

だが、「ゲ集団」は、そのような方たちの研究を無視し続けています。

「ゲ集団」内部の学者、あるいは口を塞がれた学者の数の方が、真剣に内部被曝、低線量被曝の問題を研究している人たちよりはるかに多く強力で、中央から地方までの政治を動かしているからです。

ＩＣＲＰ国内メンバーと称する学者たちが、「放射性微粒子による内部被曝のリスクは低い」とし、「厳密な査読制度（その論文が正しいかどうか検討する制度）をもつ科学雑誌において、ホットパーティクル仮説（放射性微粒子が内部被曝の害を起こすという説）が論文として発表された例はない。それは、ひとえにこの仮説が厳密な検証に耐え得ないためである」とインターネットでいい放っています（https://www.jrias.or.jp/disaster/pdf/20110909-103902.pdf）。

それは当たり前でしょう。ＩＣＲＰが認める科学雑誌のどれが、「ゲ集団」にとって不利な論文を掲載するでしょうか（ＩＣＲＰ国内メンバーのこの論については、西尾正道氏が著書『正直ながんのはなし』の中で完璧《かんぺき》に論駁《ろんばく》しています）。

このように、日本では「ゲ集団」の学者たちが「権威」として力を持っていて、「福島の現状の危険性」や「低線量被曝・内部被曝の危険性」についての言説はマスコミから排除されています。

「ゲ集団」にとっては、マスコミは完全に支配下に置いていたのに、まさか、『美味しんぼ』という大衆向けの漫画で「福島の真実」を書かれるとは思っていなかったでしょう。

私は「ゲ集団」からすれば、一匹の小さいカマキリが、その斧《おの》を振り上げたようなもので、すぐに潰《つぶ》すことができます。

しかし、私は、私のように無力ではあるが絶対にその小さな斧を失わない無数のカマキリがいることを信じています。

雁屋 哲

雁屋 哲（かりや・てつ）
1941年、中国・北京生まれ。東京大学教養学部基礎科学科で量子力学を専攻。卒業後、電通勤務を経て漫画原作者となり、『男組』（画／池上遼一）などを手がける。83年、『美味しんぼ』（画／花咲アキラ）の連載開始。87年、同作品で第32回小学館漫画賞受賞。著書に『シドニー子育て記』『頭痛、肩コリ、心のコリに美味しんぼ』（以上、遊幻舎）『美味しんぼ塾』（小学館）などがある。

美味しんぼ「鼻血問題」に答える

2015年2月10日　第1刷発行
2015年3月10日　第4刷発行

著　　者　雁屋　哲
装　　幀　本山吉晴
本文写真　安井敏雄
発 行 者　戸塚省三
発 行 所　遊幻舎
yuugensha.com
電話　0467(60)4353／0467(24)0290
組　　版　有限会社マーリンクレイン
印刷・製本　シナノ印刷株式会社

落丁・乱丁本はおとりかえいたします。

ISBN978-4-9903019-8-9　C0095
定価はカバーに表示してあります。